# ciencias de la naturaleza

4 primaria

# TU LIBRO

## Qué importante es...

- la biodiversidad.
- preservar los ecosistemas.
- identificar las emociones...

Comenzarás cada unidad reflexionando sobre un valor a partir de un texto o una imagen.

## Secciones más destacadas

### CONTENIDOS

- Contextos iniciales e imágenes que ayudan a la comprensión de contenidos.
- Experimentos que complementan los contenidos.

### ASÍ SE CONSTRUYE LA CIENCIA

- Conocerás procedimientos que te acercarán al mundo científico.

### ORGANIZA TUS IDEAS

- Lectura de esquemas.
- Actividades para trabajar con el esquema.

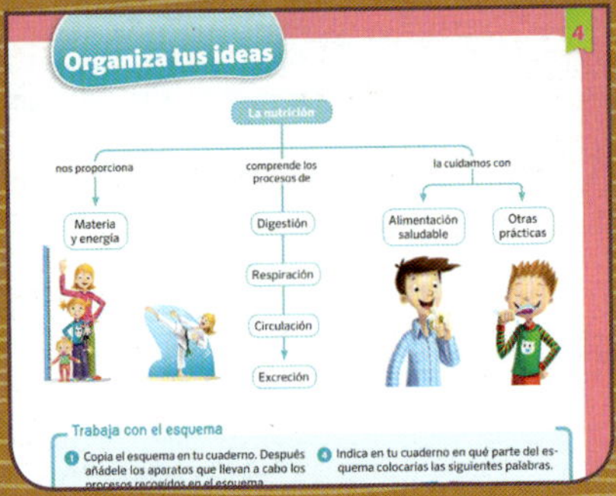


## Ponte a prueba

Pon en marcha tus competencias y comprueba lo que has aprendido con la tarea final.

## Tu revista

- Interesantes noticias que te servirán para repasar los contenidos de forma lúdica y divertida.

## Y además...

## Al final de cada trimestre

- COMPRUEBA LO QUE HAS APRENDIDO
- PROYECTO TRIMESTRAL

# Tu entorno de aprendizaje **Savia**digital

(www.smsaviadigital.com)
Tu sitio en la web para aprender y divertirte.

**Ponte a punto**

Actividades iniciales para recordar lo que ya sabes y prepararte para seguir aprendiendo.

**Actividad inicial**

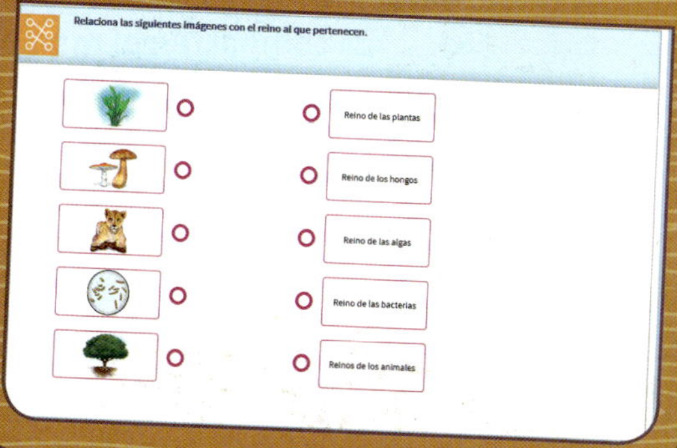


**Observa y relaciona/Comprende**

Vídeos y animaciones que te ayudarán a comprender mejor los contenidos.

**Juega y aprende/Practica**

Juegos y actividades. Así todo lo que aprendas no se te olvidará.

**Actividad interactiva**

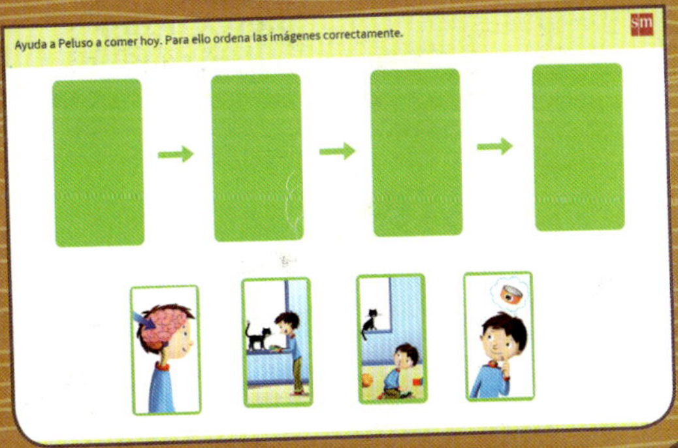


**Valora lo aprendido**

Actividades finales con las que comprobarás todo lo que has aprendido y cómo has trabajado.

## Entrar en **Savia**digital es fácil:

1. Escribe en internet la siguiente dirección: smsaviadigital.com
2. Regístrate e introduce el número de licencia que encontrarás nada más abrir tu libro.
3. Como solo debes registrarte una vez, anota tu identificador y contraseña.

# Índice

Contenidos

## Secciones finales

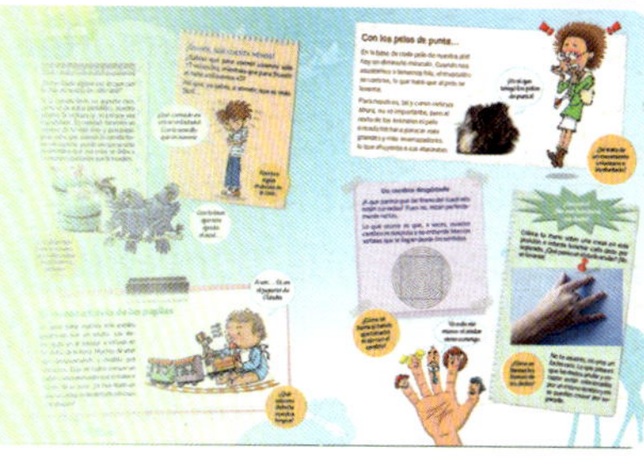

# 1 Las plantas, unos seres vivos esenciales

## Las primeras flores de la Tierra

Hace millones de años, nuestro planeta estaba poblado por seres vivos inmensos como los helechos gigantes o el *Tyrannosaurus rex*. Fue entonces cuando aparecieron las primeras flores. No eran tan vistosas como las flores de ahora, pero añadieron colores a un mundo verde lleno de reptiles.

Durante esta época también vivieron unas pequeñas abejas que ayudaban a las plantas a multiplicarse. ¿Sabes cómo? Se posaban sobre las flores para alimentarse del néctar que estas producían y, sin darse cuenta, sus patas se llenaban de un polvillo llamado polen. Cuando las abejas volaban a otra flor, dejaban en ella el polen y, gracias a eso, las plantas podían reproducirse.

## Hablamos

1. ¿Cómo se llama la sustancia que toman los insectos de las flores? ¿Y el polvillo que transportan en sus patas?
2. Observa las plantas de la imagen. ¿Qué criterios utilizarías para clasificarlas?
3. Haz una lista con todo lo que te proporcionan las plantas en tu vida cotidiana.

## ¡Qué importante es... la biodiversidad!

La gran variedad de plantas del mundo aporta una riqueza natural a la Tierra. Por eso, es fundamental conservar las semillas de todas las plantas.

### Tarea final

Pon en práctica una técnica sencilla y natural de cultivo de semillas.

# 1 Los seres inertes y los seres vivos

Las nubes, el agua y el aire se mueven. ¿En qué se diferencian del jabalí?

Se diferencian en que las nubes, el agua y el aire son inanimados, es decir, no tienen vida. Por eso reciben el nombre de **seres inertes**.

## ¿En qué se diferencian?

Los **seres vivos** se distinguen de los seres inertes en que sufren una serie de cambios a lo largo del tiempo: **nacen**, **crecen**, se **relacionan**, se **reproducen** y **mueren**.

Todos estos cambios se producen porque los seres vivos, a diferencia de los inertes, llevan a cabo tres **funciones vitales**: la **función de nutrición**, la **función de relación** y la **función de reproducción**.

Para realizar estas funciones vitales, los seres vivos necesitan órganos y aparatos que trabajen de forma coordinada.

## La clasificación de los seres vivos

Para estudiar los seres vivos de nuestro planeta, los científicos se han fijado en sus características y los han clasificado en grupos o **reinos**.

Los seres vivos se clasifican en cinco reinos: reino de los **animales**, reino de las **plantas**, reino de los **hongos**, reino de las **algas** y reino de las **bacterias**.

## Los cinco reinos

### Reino de los animales

Los animales se alimentan de otros seres vivos y son capaces de desplazarse de un lugar a otro. Tanto los leones como las hormigas son animales.

### Reino de las plantas

Las plantas fabrican su propio alimento y no pueden desplazarse. El roble y la margarita son plantas.

### Reino de los hongos

Los hongos se alimentan de restos de otros seres vivos y no se pueden desplazar. Las setas pertenecen a este grupo.

### Reino de las algas

Las algas se parecen a las plantas porque fabrican su propio alimento, pero son más sencillas y no tienen las mismas partes que las plantas.

### Reino de las bacterias

Las bacterias son seres muy sencillos. Son muy pequeños y no pueden verse a simple vista.

- Los **seres vivos**, a diferencia de los seres inertes, realizan las **funciones vitales**.
- Los seres vivos se clasifican en cinco **reinos**: **animales**, **plantas**, **hongos**, **algas** y **bacterias**.

### Actividades

1. Explica los cambios que experimenta un conejo a lo largo de su vida.
2. Fíjate en el dibujo del bosque. ¿Qué seres vivos reconoces? Indica a qué reino pertenece cada uno.
3. ¿En qué se parece un animal a un hongo? ¿Y una planta a un alga?
4. Carlos cree que los seres humanos no pertenecemos a ninguno de los cinco reinos. ¿Tiene razón? Justifícalo.

# 2 El reino de las plantas

Mira a tu alrededor y las verás, enormes, diminutas, casi todas verdes... ¡Son las plantas! Todas pertenecen al mismo reino.

Las plantas son esenciales para el resto de seres vivos porque proporcionan oxígeno, alimento y sirven de refugio.

En nuestro planeta existen muchas plantas que son muy diferentes entre sí. Pero todas ellas son seres vivos y realizan las **funciones vitales** necesarias para crecer y poder vivir. No pueden desplazarse y producen su propio alimento.

## ¿Cómo se alimentan?

Las plantas son capaces de **fabricar su propio alimento** a partir del agua y las sales minerales que consiguen del suelo, del dióxido de carbono del aire y de la luz del sol.

También necesitan **energía**. La obtienen a partir del alimento que han fabricado y del oxígeno del aire.

## ¿Cómo se relacionan?

Aunque las plantas viven **fijas al suelo** y no tienen órganos de los sentidos, son capaces de relacionarse con el medio de diferentes maneras. Por ejemplo, cuando mueven sus tallos y sus hojas en busca de la luz solar.

## ¿Cómo se reproducen?

Las plantas, como el resto de seres vivos, son capaces de reproducirse, pero ¿cómo lo hacen? Pueden reproducirse por medio de **semillas**, como la judía, o a partir de un trozo de la misma planta, como hace el geranio.

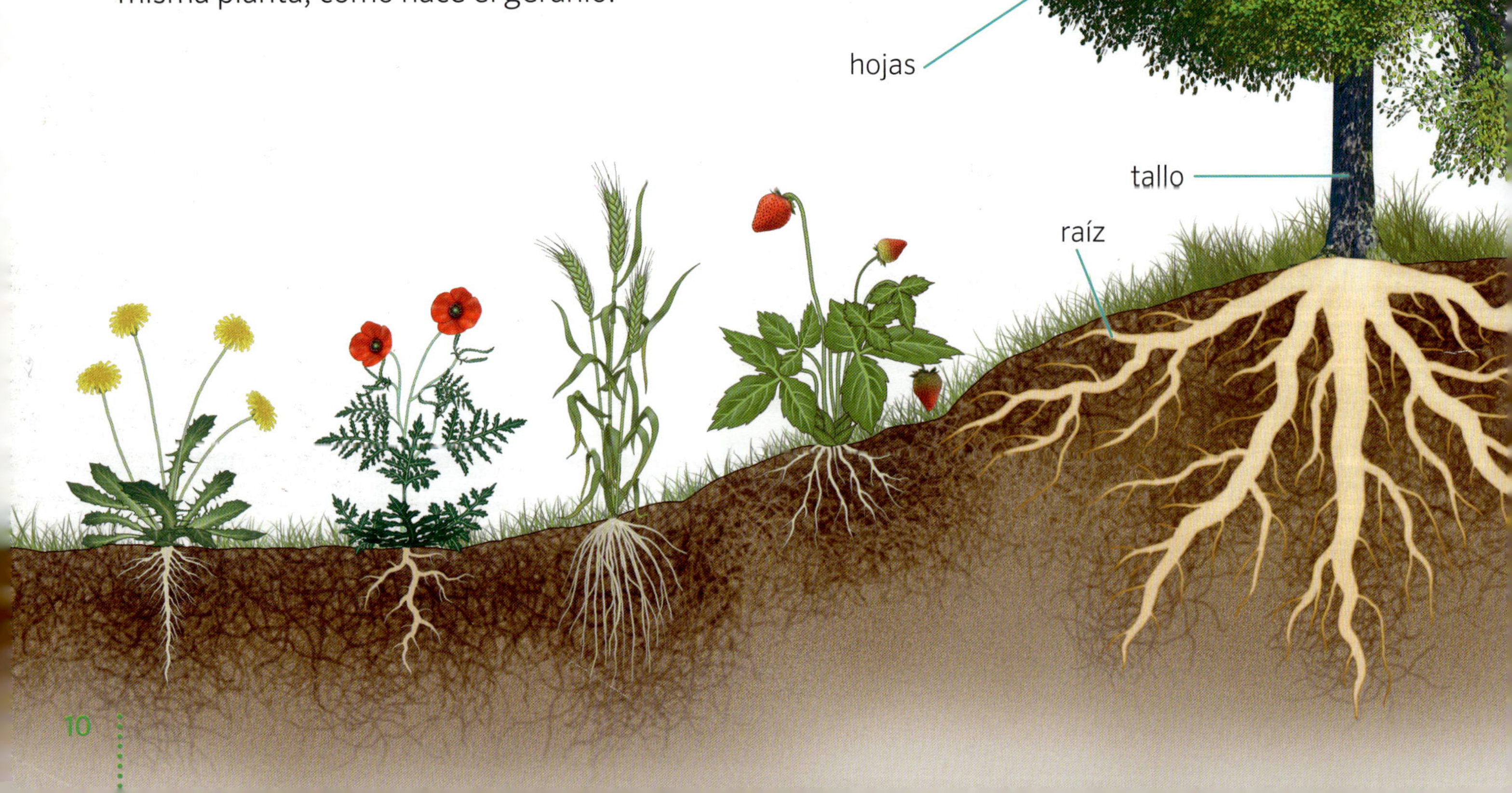

## Las partes de las plantas

La mayoría de las plantas poseen: **raíz**, **tallo** y **hojas**.

La **raíz** sujeta la planta al suelo y toma el agua y las sales minerales que esta necesita para elaborar su alimento.

El **tallo** es la parte de la planta que crece por encima del suelo y sostiene las hojas. En su interior hay dos tipos de conductos: unos transportan las sustancias que absorben las raíces hasta las hojas y los otros reparten por toda la planta el alimento que se fabrica en las hojas.

La planta fabrica su alimento en las **hojas**. Para crearlo necesita las sustancias que absorbe del suelo, un gas, el dióxido de carbono, que toma del aire, y la luz del sol.

Muchas hojas presentan dos partes: el **limbo** y el **pecíolo**.

- El **limbo** es la parte plana de la hoja.
- El **pecíolo** es la parte que une el limbo con el tallo.

Las hojas pueden tener diferentes formas: por ejemplo, las de los pinos son alargadas.

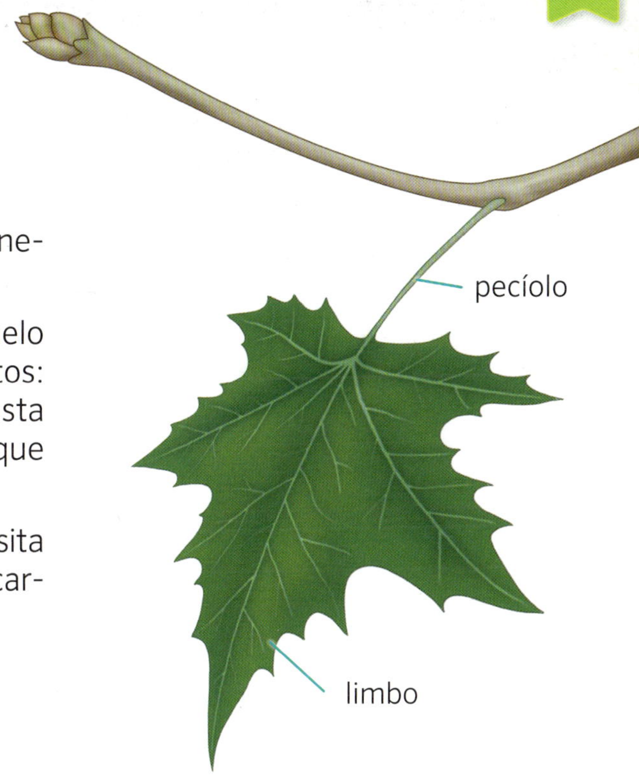


Las plantas **fabrican su propio alimento**, viven **fijas al suelo** y tienen **raíz**, **tallo** y **hojas**.

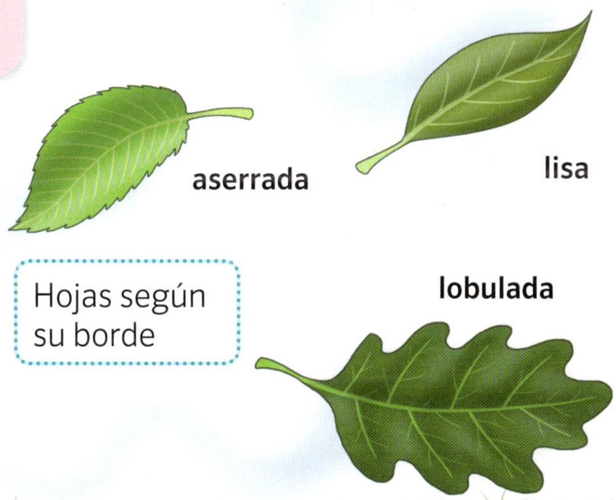


### Actividades

**5** ¿Cómo se alimentan las plantas? Escribe en tu cuaderno qué necesitan para alimentarse.

**6** Recoge en el campo una planta pequeña completa. Pégala con cinta adhesiva en una cartulina y señala las partes que reconozcas en ella.

smSaviadigital.com
PRACTICA Partes de una planta.

# 3 Clasificación de las plantas

¿Qué les ocurre a las hojas de los árboles a lo largo del año? Algunos las pierden en otoño, como el manzano: son plantas de hoja caduca. En cambio, otros, como el pino, conservan sus hojas durante todo el año, ya que son plantas de hoja perenne.

¿En qué otros aspectos te puedes fijar para clasificar las plantas?

## Las plantas con flores y sin flores

Algunas plantas presentan flores y otras no. Esta característica puede ayudarnos a clasificarlas.

- Las **plantas con flores** pueden tener flores llamativas, como ocurre en el rosal y el girasol. Otras, sin embargo, tienen flores muy distintas a las que nos imaginamos cuando pensamos en una flor. Es el caso del fresno.
- Las **plantas sin flor** son los musgos y los helechos.

## Las plantas según su tallo

También podemos clasificar las plantas según su tallo.

- Las **plantas leñosas** poseen un tallo duro y se clasifican, a su vez, en dos grupos: **árboles**, como el abedul, y **arbustos**, como el rosal silvestre.
- Las **plantas herbáceas o hierbas** tienen un tallo delgado y flexible. El trigo y las margaritas son plantas herbáceas.

> ▶ Las plantas se clasifican en **plantas con flores** y en **plantas sin flores**.
>
> ▶ Según cómo sea su **tallo**, las plantas se clasifican en **plantas leñosas** y **plantas herbáceas**.

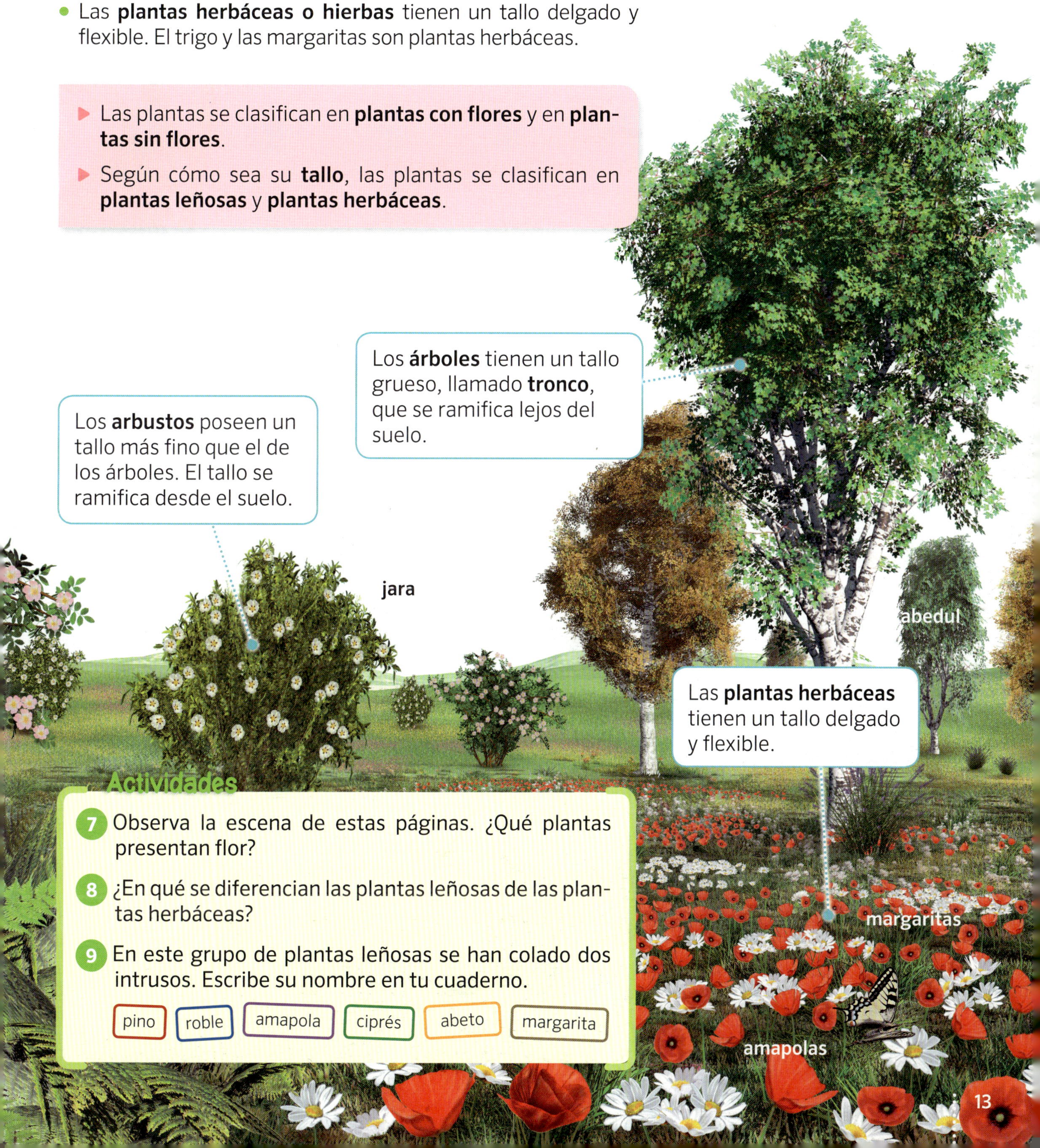


### Actividades

**7** Observa la escena de estas páginas. ¿Qué plantas presentan flor?

**8** ¿En qué se diferencian las plantas leñosas de las plantas herbáceas?

**9** En este grupo de plantas leñosas se han colado dos intrusos. Escribe su nombre en tu cuaderno.

pino | roble | amapola | ciprés | abeto | margarita

# 4 La nutrición de las plantas

Las plantas no necesitan ir al mercado para comprar comida, ya que son capaces de elaborar su propio alimento. ¡Menuda suerte! Pero ¿cómo lo hacen? Vamos a averiguarlo.

## ¿Cómo fabrican su propio alimento?

Para fabricar su alimento, las plantas necesitan **agua**, **sales minerales**, **aire** y la **luz** del sol.

A través de la **raíz**, las plantas absorben del suelo agua y sales minerales para formar una mezcla llamada **savia bruta**. La savia bruta asciende hasta las hojas a través del tallo, por unos conductos que se llaman **vasos leñosos**.

En las **hojas**, las plantas toman del aire un gas llamado **dióxido de carbono**. Este gas se mezcla con la savia bruta y, con la ayuda de la **luz solar**, forma el alimento de la planta, llamado **savia elaborada**. Todo este proceso que ocurre en las hojas se llama **fotosíntesis**. Como consecuencia de él, se genera otro gas, el **oxígeno**, que la planta expulsa a través de sus hojas.

Por último, la savia elaborada se reparte por toda la planta a través de los **vasos liberianos**.

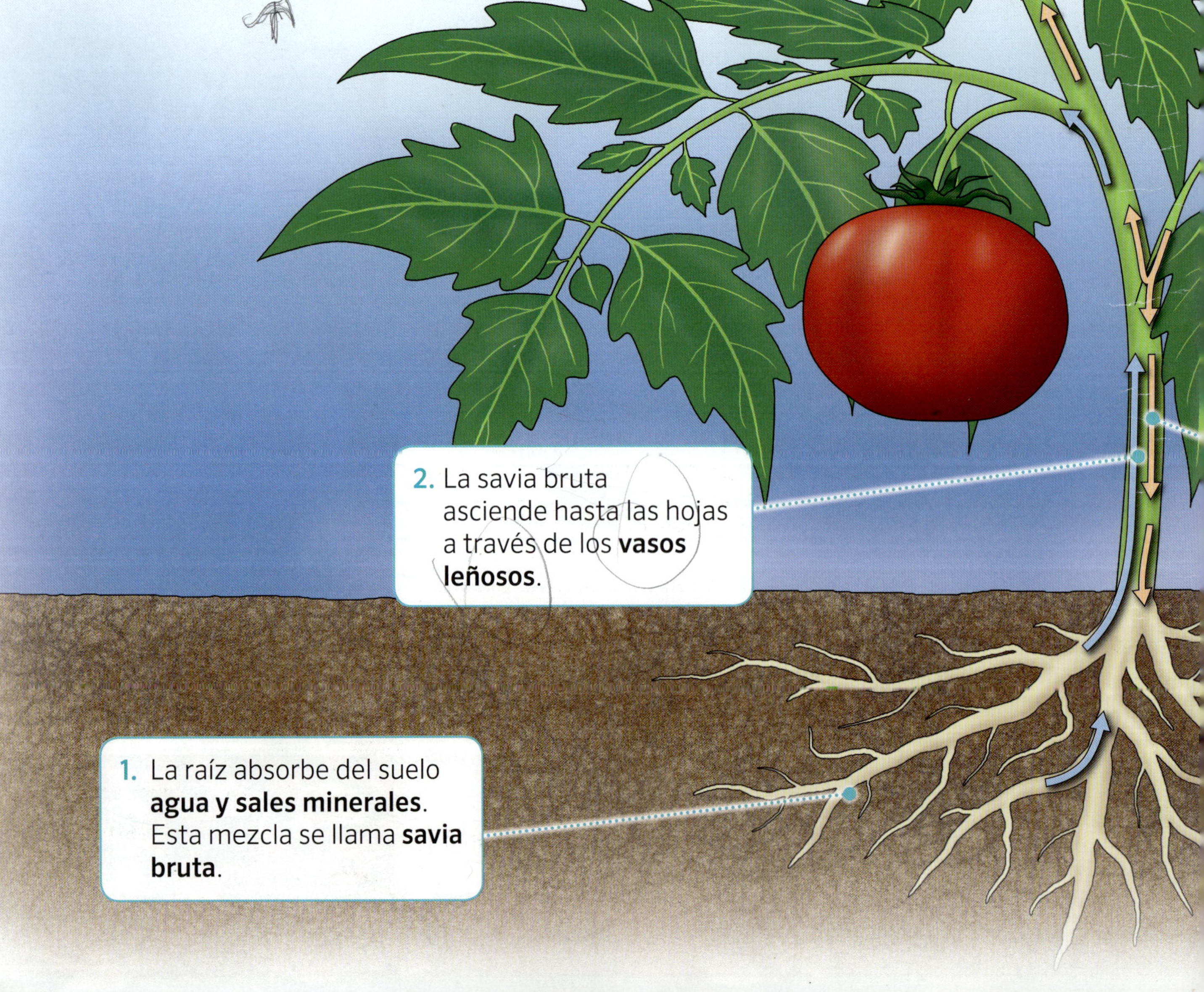

## Experimenta El viaje de las sustancias a través de la planta

1. Cortamos parte de un tallo de apio en dos mitades.

2. Llenamos un vaso con agua y tinta roja, y otro vaso con agua y tinta azul. Colocamos el apio como en la imagen.

3. Dejamos el apio colocado en los dos vasos un día. Este es el resultado.

10 Si el agua del suelo está contaminada, ¿crees que le afectará a la planta? ¿A qué parte?

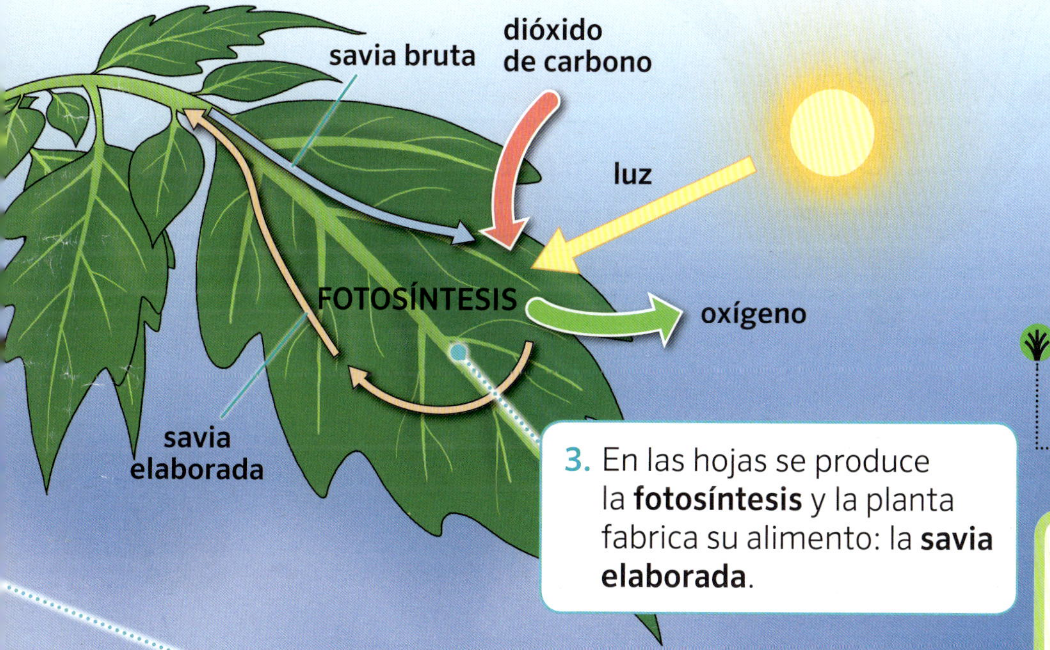


3. En las hojas se produce la **fotosíntesis** y la planta fabrica su alimento: la **savia elaborada**.

4. La savia elaborada llega a todas las partes de la planta a través de los **vasos liberianos**.

smSaviadigital.com
COMPRENDE Las plantas fabrican su propio alimento.

- Para elaborar su **propio alimento** las plantas necesitan **agua**, **sales minerales**, **aire** y **luz** del sol.
- Al fabricar su alimento, las plantas desprenden **oxígeno** durante la **fotosíntesis**.

### Actividades

11 ¿Qué sustancias toma del suelo una planta para elaborar su alimento? ¿Y del aire?

12 ¿Podrán las plantas realizar la fotosíntesis por la noche? Razona tu respuesta.

13 ¿Por qué no podríamos sobrevivir si en la Tierra desaparecieran las plantas?

# 5 La reproducción de las plantas

La flor de pascua no puede nacer de un huevo de Pascua, porque las plantas no son seres vivos ovíparos. Las plantas se reproducen por medio de **semillas**.

La **flor** es el órgano reproductor de la mayoría de las plantas.

## Las partes de la flor

Las partes más importantes de la flor son: la **corola**, el **cáliz**, los **estambres** y el **pistilo**.

La **corola** es el conjunto de hojas de colores. Estas hojas se llaman **pétalos**.

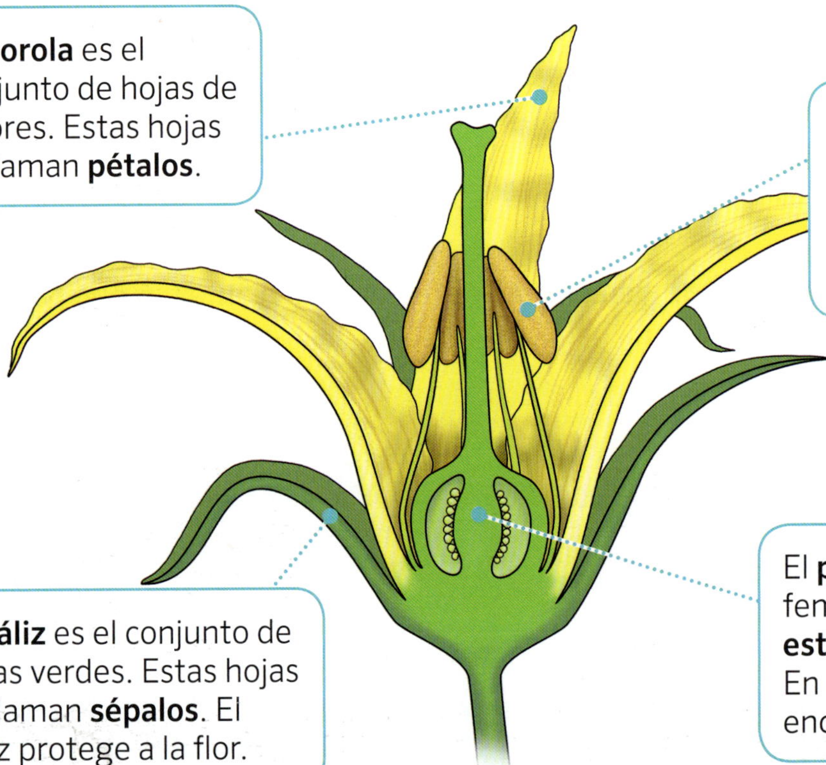

Los **estambres** son los órganos reproductores masculinos. Están formados por el **filamento** y una bolsita, llamada **antera**, que contiene el **polen**.

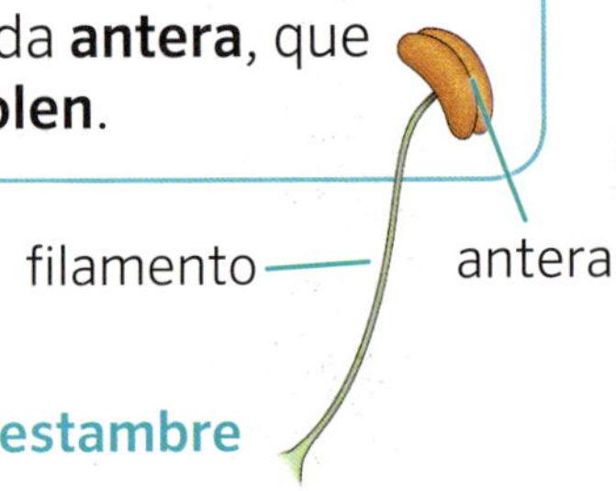


El **cáliz** es el conjunto de hojas verdes. Estas hojas se llaman **sépalos**. El cáliz protege a la flor.

El **pistilo** es el órgano reproductor femenino. Está formado por el **estigma**, el **estilo** y el **ovario**. En el interior del ovario se encuentran los **óvulos**.

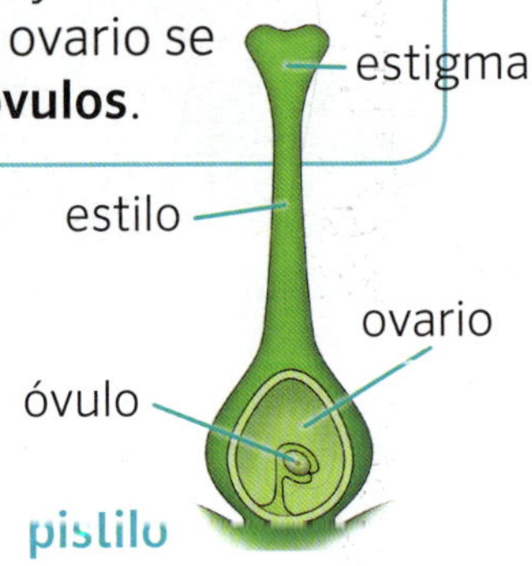


## ¿Cómo se reproducen las plantas con flor?

Para que se produzca la reproducción, el polen de una planta tiene que llegar al pistilo de otra planta. El polen se transporta gracias al viento y a algunos animales, como las abejas. Este proceso se llama **polinización**.

Cuando el polen llega al pistilo, baja por él hasta alcanzar el ovario. Una vez allí, el grano de polen se une a un óvulo y se transforma en **semilla**.

A partir de ese momento, el cáliz y la corola se marchitan y caen. Mientras, el ovario comienza a crecer y a transformarse hasta originar el **fruto**. La principal función de los frutos es proteger a las semillas durante su desarrollo.

Cuando los frutos están maduros, caen de la planta, y, en el suelo, las semillas crecen y puedan dar lugar a una nueva planta. Este proceso se llama **germinación**.

## Observa y comprende La reproducción de las plantas

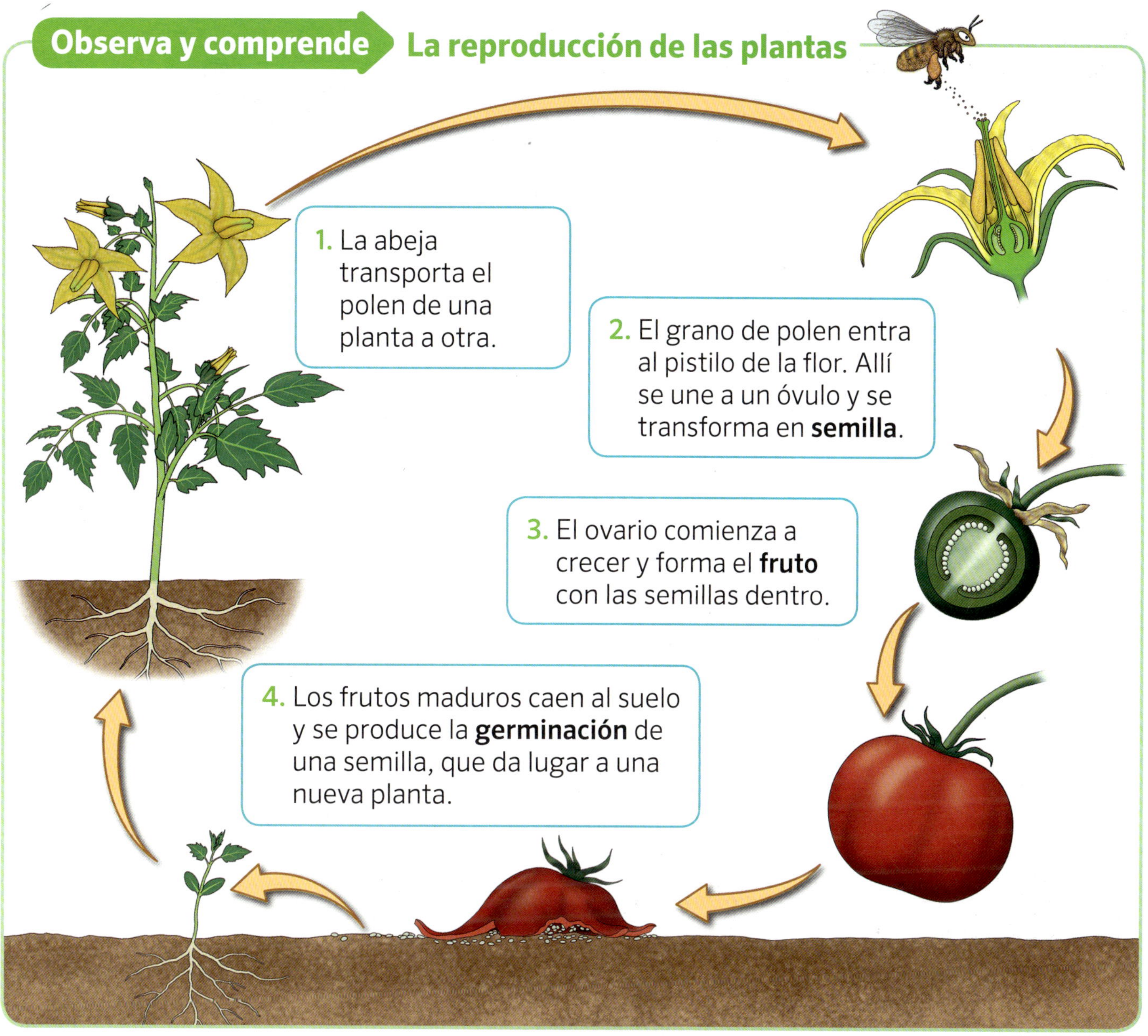

1. La abeja transporta el polen de una planta a otra.

2. El grano de polen entra al pistilo de la flor. Allí se une a un óvulo y se transforma en **semilla**.

3. El ovario comienza a crecer y forma el **fruto** con las semillas dentro.

4. Los frutos maduros caen al suelo y se produce la **germinación** de una semilla, que da lugar a una nueva planta.

- Las **flores** están formadas por la **corola**, el **cáliz**, los **estambres** y el **pistilo**.
- En la fecundación, el polen se une con el óvulo y forman **semillas**, tras lo cual el ovario se transforma en **fruto**.
- Las semillas **germinan** y forman una nueva planta.

smSaviadigital.com
JUEGA Y APRENDE ¿Cómo se forman los frutos y las semillas?

## Actividades

**14** ¿Por qué son tan vistosos los pétalos de algunas flores? ¿Qué utilidad tienen?

**15** Nombra los órganos reproductores de las plantas y dibuja sus partes.

**16** ¿Qué partes de la flor se marchitan y caen cuando se forma el fruto?

**17** ¿Qué es la germinación? Explícalo con tus propias palabras.

# Así se construye la ciencia

## Realizamos un experimento

Vamos a ver qué pasos debemos dar para hacer un experimento.

PASO 1 **Nos preguntamos qué es lo que queremos comprobar** con nuestro experimento. Por ejemplo: ¿Las plantas crecen buscando la luz?

PASO 2 **Ideamos y ponemos en práctica una experiencia** que nos permita observar cómo se comporta una planta expuesta a la luz.

Metemos una planta en un rincón de una caja de cartón y hacemos un agujero en el lado opuesto de la tapa.

Después, ponemos la tapa y colocamos la caja en un lugar luminoso. Esperamos unas semanas.

PASO 3 **Observamos** el resultado de nuestro experimento y **sacamos conclusiones**.

### Razono

1. Si la caja hubiera sido de cristal, ¿crees que la planta hubiera salido por el agujero de la tapa? Razona tu respuesta.
2. ¿Con qué función vital relacionarías este experimento? Explica tu respuesta.

### Pongo en práctica

3. Además de luz y agua, ¿necesitarán las plantas tierra para poder vivir? Idea un experimento que sirva para comprobarlo. Descríbelo paso a paso al resto de tus compañeros.

# Organiza tus ideas

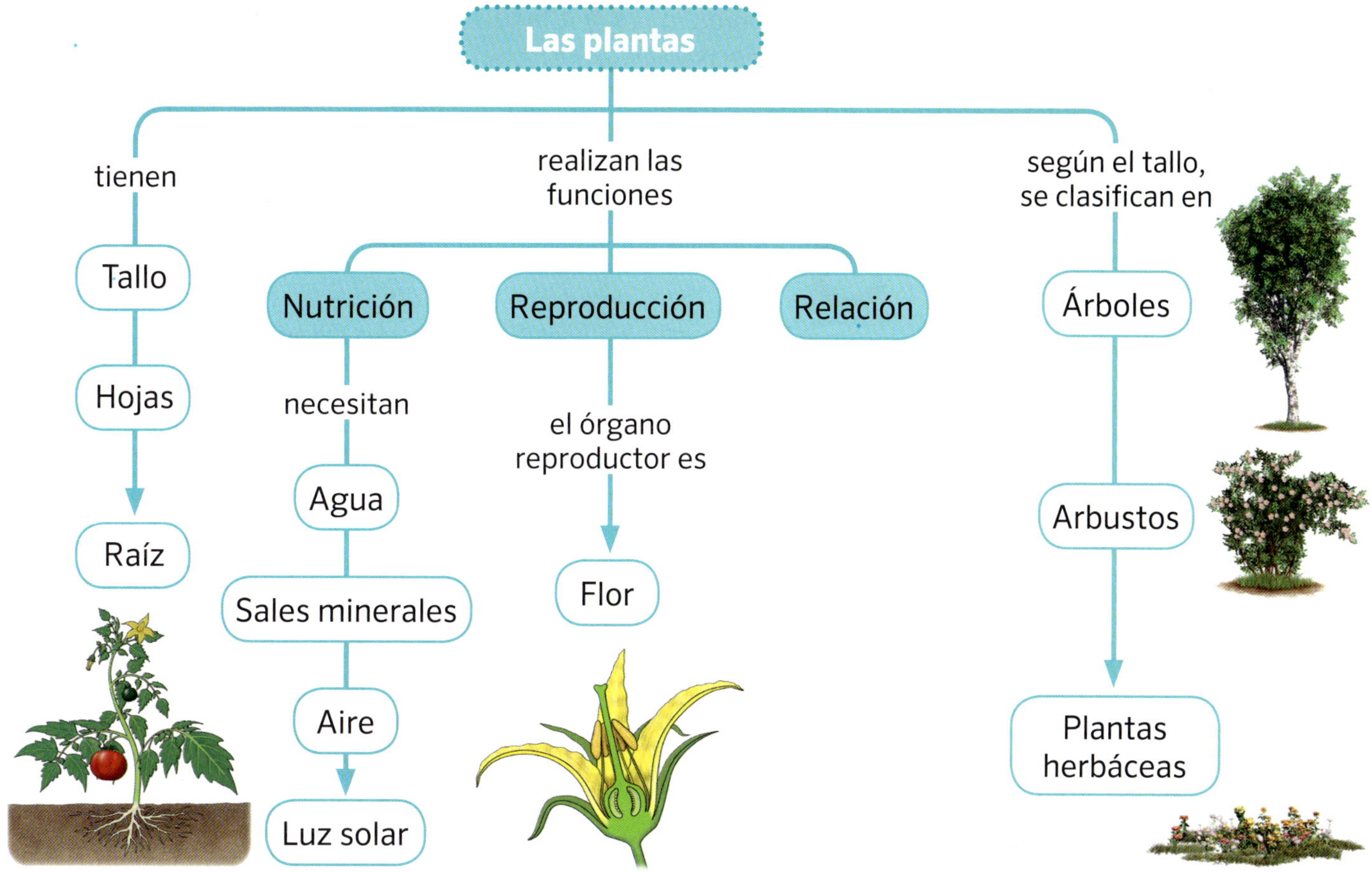


## Trabaja con el esquema

1. ¿Qué otra clasificación de las plantas conoces? Copia este esquema en tu cuaderno y añádela.

2. ¿En qué lugares del esquema incluirías estas palabras?

   savia bruta | fotosíntesis | limbo | musgo

3. ¿A qué reino pertenecen los seres vivos que aparecen a continuación? ¿Cuáles podrías incluir en el esquema?

4. Redacta un resumen que recoja las funciones que realizan las plantas del esquema. Puedes empezar así:

   Las plantas son seres vivos y, por tanto, realizan las funciones de...

5. Copia en tu cuaderno el dibujo de la flor y señala sus partes. ¿En qué consiste la polinización?

6. De las plantas que aparecen a continuación, ¿cuáles crees que se podrían incluir en el esquema como ejemplos de plantas herbáceas?

   trigo | amapola | jara | roble | abedul | ciprés | rosal silvestre

# Repasa la unidad

**1** Observa las imágenes: ¿son seres vivos o son seres inertes? Escribe tres características que te permitan justificar tu respuesta.

a 

b 

**2** ¿A qué tipo de seres vivos corresponden estos rasgos?

Viven fijados al suelo.

Se alimentan de otros seres vivos.

**3** Escribe el nombre de la parte de la planta a la que se refiere cada oración.

a) Sujeta la planta al suelo.

b) Mantiene la planta erguida.

c) Absorbe agua del suelo.

d) Expulsa oxígeno.

**4** Observa la siguiente imagen:

a) Según su forma, ¿qué tipo de hoja es?

b) ¿Y según su borde?

**5** El rosal silvestre, los girasoles y el haya son ejemplos de...

A. plantas con flor.

B. plantas sin flor.

C. arbustos.

D. plantas herbáceas.

**6** Clasifica estas sustancias según salgan o entren en la planta.

agua | oxígeno | sales minerales | hidratos de carbono

**7** Une en tu cuaderno cada parte de la planta con su término relacionado.

| | |
|---|---|
| Tallo • | • Savia bruta |
| Raíz • | • Fotosíntesis |
| Hoja • | • Vaso liberiano |

**8** Dibuja esta flor en tu cuaderno y escribe el nombre de las partes señaladas.

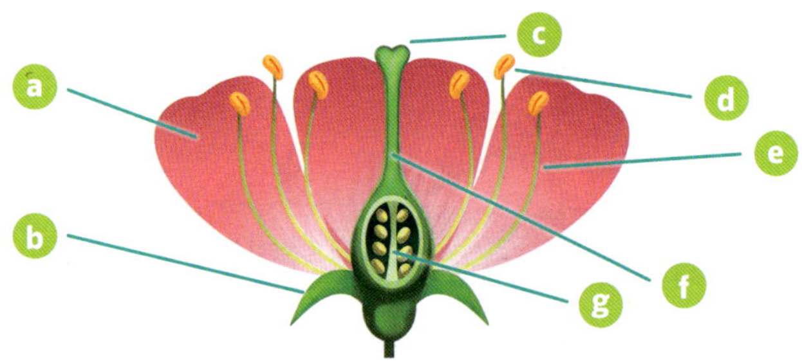


**9** Ordena y explica, paso a paso, los cambios que va experimentando una flor.

**10** Copia el dibujo en tu cuaderno e indica las partes que forman el pistilo.

smSaviadigital.com

**VALORA LO APRENDIDO** Comprueba lo que sabes en la **autoevaluación**.

# Ponte a prueba

## ¿Cómo se llama este árbol?

1. Según la clave, ¿cómo será la hoja del tilo? Dibújala en tu cuaderno.

2. ¿En qué otras características de las plantas podrías fijarte para hacer una clave?

## Tarea final *Albóndigas* de semillas

Aprende a cultivar de una manera natural, fácil y económica.

**PASO 1** Mezclad en un recipiente 10 partes de abono, 1 parte de arcilla y un poco de agua. Añadid las semillas: podéis usar judías, lentejas...

**PASO 2** Haced pequeñas bolitas. ¡Ya tenéis vuestras albóndigas de semillas! Dejadlas secar sin que les dé el sol directamente.

**PASO 3** Cuando estén duras, ponedlas en vuestra maceta. Situadla en un sitio luminoso y recordad regar la maceta todos los días.

**PASO 4** Sacad fotos a vuestra maceta todos los días. ¿Qué proceso estáis observando?

smSaviadigital.com
VALORA LO APRENDIDO **¿Cómo has trabajado** en esta tarea?

# Tu revista

## Baile de disfraces

Algunas flores, como estas orquídeas, imitan a la perfección el cuerpo de la abeja hembra para atraer a abejas macho que las polinicen.

Cuando una abeja se posa en una flor, ¿qué se lleva pegado al cuerpo?

## Plantas para encantamientos y para curar

Así como las brujas recurrían siempre a las plantas para sus pócimas, nosotros las usamos para encontrarnos mejor. Por ejemplo, tomamos infusiones de flores de manzanilla cuando nos duele el estómago o una tacita de flores de tilo para relajarnos.

La manzanilla, según su tallo, ¿qué tipo de planta es?

## Una cantimplora gigantesca

¿Sabías que el cactus más grande del mundo puede llegar a medir 15 metros de altura? Sí, sí, el cactus saguaro puede ser tan alto como un edificio de cinco pisos. Además, durante la época de lluvias, este enorme cactus es capaz de absorber ¡el agua de una piscina olímpica! ¿Te imaginas?

Muchos seres vivos utilizan el saguaro como su hogar. Uno de ellos es esta pequeña ave. Como ves, al pájaro carpintero de Gila no parece molestarle que su plácido hogar esté rodeado de espinas.

¿Cómo son las hojas del cactus?

## ¡Una planta muy glotona!

Las plantas carnívoras viven en suelos muy pobres. Por eso, necesitan complementar su dieta atrapando algunos insectos. ¡Hummm… qué rico!

¿Qué necesitan las plantas para fabricar su propi alimento?

## ¡Una de palomitas!

¿Sabías que los indios americanos ya sabían cocinar palomitas y que las usaban para hacerse collares? Las palomitas se forman al calentar las semillas del maíz. Dentro del grano de maíz hay agua que, con el calor, se convierte en vapor y presiona las paredes del grano hasta que revienta.

Si se calientan los granos lentamente, adquieren forma de mariposa, pero si estallan rápidamente, parecen pequeños champiñones.

¿En qué parte de la planta se forman las semillas?

## Semillas al rojo vivo

Hay plantas cuyas semillas tienen una cáscara durísima. Son tan duras que solo se abren con las altísimas temperaturas que se producen durante un incendio.

Cuando el fuego se apaga, en el suelo no queda ningún otro ser vivo que les haga competencia. Así pueden crecer a sus anchas y extenderse por el terreno quemado. ¿A que es un buen truco?

¿Qué parte de la planta le permite vivir fijada al suelo?

## La flor más grande del mundo

Se llama rafflesia y puede llegar a pesar 10 kilos y medir más de un metro.

Grande sí es, pero también apestosa. Despide un olor horrible a materia descompuesta que a las moscas y a otros insectos les encanta.

¿Cuántos pétalos tiene?

# 2 Muchos reinos comparten el medio

## Un hogar para todos

Un potente rayo echó abajo este inmenso árbol. ¿Dirías que está muerto?

Ya no existe como planta, pero la vida recorre cada centímetro de su superficie. Se ha convertido en el hogar de innumerables seres que dependen unos de otros. Sobre él han crecido pequeñas plantas, y animales como arañas, hormigas y otros insectos han construido en él sus galerías para poner sus huevos. Hongos de sombrerillo multicolor se desarrollan entre las grietas de la corteza. Y, sin que nadie los vea, miles de seres microscópicos van zampándose la corteza muerta.

Una muestra de todos los seres de la Tierra en ese pequeño espacio. ¡Un mundo en miniatura!

## Hablamos

1. ¿Qué grupos de seres vivos se mencionan en el texto?
2. ¿Qué quiere decir que un ser vivo es microscópico? Nombra un ejemplo.
3. Observa la imagen e indica los seres vivos que distingues. Relaciónalos con uno de los siguientes reinos.

   plantas | animales | hongos

4. ¿Identificas algún animal vertebrado? Escribe su nombre.

## ¡Qué importante es... preservar los ecosistemas!

En cada ecosistema vive una gran cantidad de especies. Es fundamental que la acción humana no los altere, y así asegurar el bienestar de los seres vivos.

### Tarea final

¿Te animas a recrear un ecosistema? Al final de la unidad, tendrás ocasión de construir uno.

# 1 El reino de los animales. Los invertebrados

Fíjate en el cocodrilo y en el cangrejo. A simple vista no tienen mucho en común, pero ambos pertenecen al reino de los animales. Por eso, comparten muchas características.

## Características de los animales

Los animales tienen estos rasgos:

- Se alimentan de otros seres vivos.
- Casi todos pueden desplazarse.
- Algunos animales, como las arañas, son **ovíparos**. Otros, como los lobos, son **vivíparos**.
- Su cuerpo tiene unas estructuras llamadas **órganos** que se agrupan en **aparatos** o **sistemas** con los que llevan a cabo las funciones vitales. Por ejemplo, las cabras tienen órganos, como el estómago y el intestino delgado, que trabajan juntos para digerir los alimentos.

## Clasificación de los animales

Podemos clasificar los animales de muchas maneras: según su alimentación, su reproducción... La forma más habitual de agruparlos es según tengan o no **esqueleto interno**. Conforme a este rasgo, los animales se dividen en **animales invertebrados** y **animales vertebrados**.

## Los animales invertebrados

Los animales invertebrados no presentan esqueleto interno y todos son **ovíparos**, es decir, nacen de huevos. Se clasifican en **esponjas**, **medusas**, **gusanos**, **artrópodos**, **moluscos** y **equinodermos**.

**Las medusas**

Tienen el **cuerpo gelatinoso** y una **boca** que puede estar rodeada de **tentáculos**.

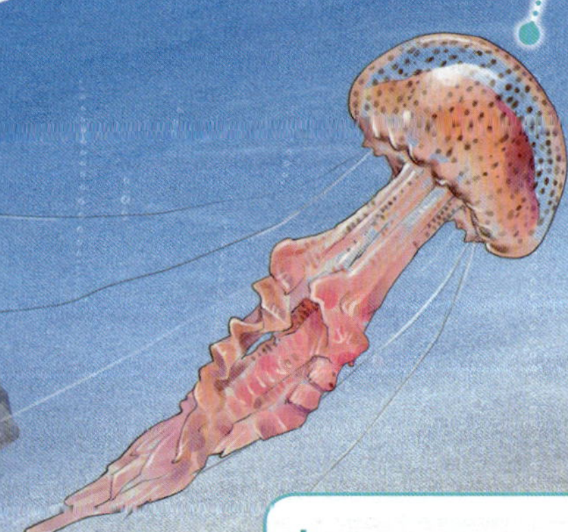

**Las esponjas**

Tienen el cuerpo con **poros** y viven **fijas** e **inmóviles** en el fondo del mar.

**Los gusanos**

Tienen el **cuerpo blando** y **alargado**, generalmente, formado por **anillos**. El nereis es un gusano.

### Los artrópodos

Tienen **patas articuladas** y una **cubierta externa dura** que los protege. Según su número de patas, se dividen en:

- **Insectos**, como las mariposas, que tienen seis patas.
- **Arácnidos**, como las arañas, que presentan ocho patas.
- **Crustáceos**, como los cangrejos, que poseen diez patas.

### Los equinodermos

Tienen el cuerpo cubierto de **placas duras**. Las estrellas de mar y los erizos de mar son equinodermos.

smSaviadigital.com PRACTICA Clasifica invertebrados.

### Los moluscos

Tienen el **cuerpo blando** y **musculoso**, y casi todos poseen **concha**. El pulpo y el mejillón son moluscos.

Los animales invertebrados se clasifican en **esponjas**, **medusas**, **gusanos**, **artrópodos**, **moluscos** y **equinodermos**.

### Actividades

1. ¿Qué tienen en común un gato y una mosca? ¿En qué se diferencian?
2. ¿A qué grupo pertenece cada uno de estos invertebrados?

caracol · libélula · lombriz de tierra

# 2 El reino de los animales. Los animales vertebrados

¿Qué pasaría si no tuviéramos esqueleto interno? No podríamos tener un cuerpo muy grande, porque no habría nada que lo sostuviera. ¡Pareceríamos de gelatina!

Los animales vertebrados tenemos un **esqueleto interno** que sostiene el cuerpo y protege los órganos internos. Pero, además, tenemos otras características. ¡Vamos a verlas!

## Características de los animales vertebrados

Los vertebrados presentan estos rasgos:

- Poseen un **esqueleto interno**.
- Tienen el cuerpo dividido en **cabeza** y **tronco**, y la mayoría presentan **cola** y **extremidades**. Según el medio por el que se desplacen, sus extremidades pueden tener forma de **patas**, **aletas** o **alas**.
- Casi todos tienen el cuerpo cubierto por **pelo**, por **plumas** o por **escamas**.
- Algunos, como las ranas, son **ovíparos**. Otros, como los conejos, son **vivíparos**, es decir, **nacen del vientre de su madre**.

El carbonero es un **ave**.

La trucha es un **pez**.

La ardilla es un **mamífero**.

## Clasificación de los animales vertebrados

Los animales vertebrados se clasifican en cinco grupos:

- Los **mamíferos** tienen **pelo**, **dientes** y **labios**. Respiran a través de **pulmones** y **maman** después de nacer. La mayoría son **vivíparos**. Pueden ser **carnívoros**, **herbívoros** u **omnívoros**.
- Las **aves** tienen **plumas**, **pico** y **alas**. Todas son **ovíparas** y respiran mediante **pulmones**. Pueden ser **carnívoras**, **herbívoras** u **omnívoras**.
- Los **reptiles** tienen el cuerpo cubierto de **escamas** y son **ovíparos**. Respiran a través de **pulmones**. La mayoría son **carnívoros**, aunque algunos son **herbívoros**.
- Los **peces** tienen **escamas** y son **ovíparos**. Respiran a través de branquias. Pueden ser **carnívoros**, **herbívoros** u **omnívoros**.
- Los **anfibios** tienen la piel **desnuda** y son **ovíparos**. Son los únicos vertebrados que sufren unos cambios denominados **metamorfosis**. Respiran a través de pulmones, y también por la piel y son carnívoros.

Los animales vertebrados se clasifican en **mamíferos**, **aves**, **reptiles**, **peces** y **anfibios**.

### Actividades

3. ¿Qué tipo de extremidades pueden presentar los animales vertebrados? ¿De qué depende? Cita un ejemplo de cada tipo.

4. ¿A qué grupo pertenece este animal vertebrado? Justifica tu respuesta.

# 3 Los otros reinos: algas, hongos y bacterias

Seguro que en la playa has visto algas, pero ¿sabías que, aunque se les parecen mucho, no son plantas? Así es. Existen muchos seres vivos que no son ni animales ni plantas.

## Las algas son de otro reino

Las algas fabrican su **propio alimento** usando la **luz solar**, igual que las plantas. Aunque se parecen a ellas, las algas son seres vivos más **sencillos** en los que no podemos diferenciar el tallo y las raíces. Viven en el agua, tanto dulce como salada.

Las algas se agrupan junto a los protozoos, que son unos seres microscópicos, en un reino.

smSaviadigital.com
COMPRENDE ¿En qué se diferencian las algas de las plantas?

## El reino de los hongos

Los hongos se alimentan de **restos de otros seres vivos**. No se pueden desplazar y **viven fijos** en la tierra, en la madera o sobre restos de animales y plantas, materiales de los que se alimentan. Los hongos se dividen en **setas**, **mohos** y **levaduras**.

### Tipos de hongos

**Setas**

Algunas **setas** son comestibles, como los níscalos y los champiñones, mientras que otras son venenosas y no comestibles.

**Mohos**

Los **mohos** viven sobre materia en descomposición y sobre restos de seres vivos, como la fruta o el queso estropeados.

**Levaduras**

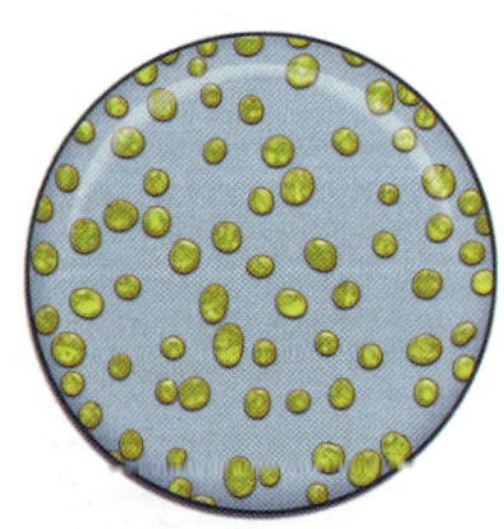

Las **levaduras** son hongos muy pequeños que no se ven a simple vista. Se usan en la elaboración de algunos alimentos, como el pan.

## Experimenta Cultiva hongos

1. Humedece una rebanada de pan de molde.
2. Mete la rebanada dentro de la bolsa y déjala unos días.
3. Saca la rebanada de la bolsa y observa cómo ha quedado.

**5** ¿Qué tipo de hongo encontramos en la rebanada de pan? Justifica tu respuesta.

## El reino de las bacterias

Las bacterias son los seres vivos más abundantes de la Tierra. Se trata de **seres vivos muy pequeños**, por lo que no podemos apreciarlos a simple vista.

Están en todas partes: en el suelo, en el aire, en el agua, dentro de nuestro cuerpo... Algunas bacterias, incluso, pueden habitar en lugares donde ningún otro ser vivo es capaz de sobrevivir, como a miles de metros bajo tierra o bajo el agua.

Ciertas bacterias son **beneficiosas** para la salud, como las que transforman la leche en yogur, y otras provocan **enfermedades**, como la faringitis y la neumonía.

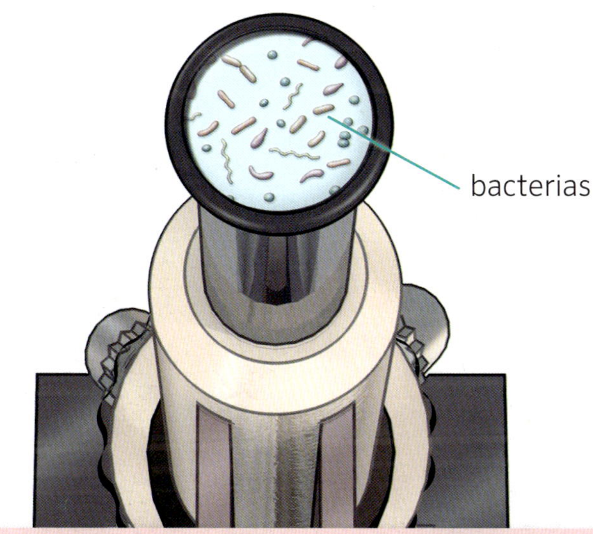


Además de los animales y las plantas, existen tres reinos más: el reino de las **algas** y los **protozoos**, el reino de los **hongos** y el reino de las **bacterias**.

### Actividades

**6** ¿En qué se parecen y en qué se diferencian un alga y un junco?

**7** ¿Cuáles son los seres vivos más abundantes de la Tierra?

**8** ¿A qué reino pertenece el ser vivo que se emplea para elaborar pan? ¿Y el que se usa para fabricar yogur?

# 4 Los seres vivos y el medio

¿Qué animal no está en su casa? Seguro que has adivinado que es el camello. Pero ¿por qué no hay camellos en la selva?

Los camellos, al igual que el resto de seres vivos, tienen unas características que les permiten vivir en un lugar determinado. Todos los seres vivos se relacionan entre sí y con el sitio donde habitan, y dependen unos de otros para sobrevivir.

Los **seres vivos**, el **medio físico** en el que viven y las **relaciones** que existen entre todos ellos forman un **ecosistema**.

## ¿Qué es el medio físico?

El **medio físico** es el conjunto de características que determinan el lugar donde viven los seres vivos. Por ejemplo, la luz, el aire la temperatura, el agua o el tipo de suelo. Así, el medio físico de un desierto está determinado por la arena, las altas temperaturas, la escasez de agua…

## Los seres vivos en los ecosistemas

En una selva podemos encontrar mariposas, hongos, gorilas… Al conjunto de seres vivos que pueden reproducirse entre sí y tener descendencia fértil se los llama **especie**. Por ejemplo, la mariposa es una especie y el gorila es otra especie diferente.

Los individuos de una especie que viven en un mismo lugar y en un tiempo determinado forman una **población**.

En un mismo medio físico pueden habitar muchas poblaciones de plantas y animales que necesitan unas condiciones parecidas para vivir. Forman una **comunidad**.

**¿Sabías que…?**

**Los seres vivos y el medio están en equilibrio**

La más mínima variación en los seres vivos o en el medio físico de un ecosistema puede afectar a los demás seres.

Este equilibrio entre los seres vivos y el medio físico de un ecosistema se conoce como **equilibrio ecológico**.

**Observa y comprende** **Del individuo a la comunidad**

individuos | poblaciones | comunidad

## Tipos de ecosistemas

En la Tierra hay muchísimos ecosistemas. Unos son tan grandes como un desierto, mientras que otros son mucho más pequeños, como un tronco muerto.

Los ecosistemas se pueden clasificar en dos grupos: **ecosistemas acuáticos** y **ecosistemas terrestres**.

### Principales ecosistemas

#### Ecosistemas acuáticos

Los ecosistemas acuáticos varían según la cantidad de **luz**, la **temperatura** y las **sustancias disueltas** en el agua.

Hay dos tipos de ecosistemas acuáticos: los **ecosistemas de agua dulce**, como los lagos y los ríos, y los **ecosistemas de agua salada**, como los mares y los océanos.

#### Ecosistemas terrestres

Sobre la superficie de la Tierra encontramos multitud de ecosistemas distintos según la cantidad de **agua**, la **temperatura** y la cantidad de **luz**.

Son ecosistemas terrestres el **bosque**, el **desierto**, la **pradera**, la **selva**, la **ribera** de un río...

- Un **ecosistema** es un entorno natural formado por un conjunto de seres vivos distintos que se relacionan entre sí y con el medio físico que los rodea.
- Los ecosistemas pueden ser **acuáticos** o **terrestres**.

### Actividades

9. Explica qué es el medio físico.

10. Corrige esta oración: *La comunidad de conejos forma parte del ecosistema del encinar.*

# 5 Relaciones en el ecosistema

Imagina que un oso panda estuviera en una isla desierta. ¿Crees que podría vivir él solo? Está claro que no ya que, para sobrevivir, necesitaría plantas de bambú con las que alimentarse y agua dulce que beber.

Los seres vivos de un ecosistema se relacionan con el medio físico en el que habitan y también entre ellos, pues dependen unos de otros para vivir.

## Relaciones entre los seres vivos

Los seres vivos de un ecosistema establecen entre sí relaciones de dos tipos:

- **Con individuos de su misma especie**. Por ejemplo, la relación de una leona con sus cachorros, a los que alimenta y cuida hasta que pueden sobrevivir solos.
- **Con individuos de distintas especies.** En muchos casos, son **relaciones alimentarias**, es decir, unos seres vivos sirven de alimento a otros. Por ejemplo, la relación entre un ratón y la lechuza que se alimenta de él.

## Relaciones alimentarias

Las relaciones alimentarias se basan en que unos seres vivos se alimentan de otros. Por ejemplo, las plantas sirven de alimento a los animales herbívoros. Y los herbívoros son, a su vez, alimento para los animales carnívoros.

Según el papel que cumplan los seres vivos en esta cadena, se dividen en **productores** y **consumidores**.

Los seres vivos que fabrican su propio alimento mediante la fotosíntesis, como las plantas y las algas, son **organismos productores**.

Los **organismos consumidores** son los animales, es decir, aquellos que se alimentan de otros seres vivos. Si el animal se alimenta de plantas o de algas, es un **consumidor primario**, como el saltamontes. Si se alimenta de otros animales, es un **consumidor secundario**, como la rana o la culebra.

La relación que indica quién sirve de alimento a quién en un ecosistema se llama **cadena alimentaria**. Se representa mediante flechas que van del ser comido al que se lo come.

smSaviadigital.com
**JUEGA Y APRENDE** Junta seres vivos y observa qué relación tienen.

### Observa y comprende Las cadenas alimentarias

- Los seres vivos de un ecosistema establecen **relaciones alimentarias** entre ellos.
- Según su papel en el ecosistema, los seres vivos pueden ser **productores** o **consumidores**.

### Actividades

**11** Pon un ejemplo de relación de protección entre seres vivos.

**12** ¿Cuáles son los elementos de una cadena alimentaria?

# Así se construye la ciencia

## ¿Qué utilizamos para observar los seres vivos?

PASO 1 **Nos fijamos en el tamaño** de los seres vivos.

PASO 2 **Elegimos el instrumento** más adecuado para observar cada ser vivo.

### Razono

1 Ordena las siguientes imágenes según el tamaño de los animales que puedes observar con ellos.

a  b  c 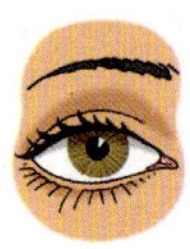

### Pongo en práctica

2 Indica con qué instrumentos observarías los siguientes seres vivos.

seta | pato | levadura | hormiga | roble

# Organiza tus ideas

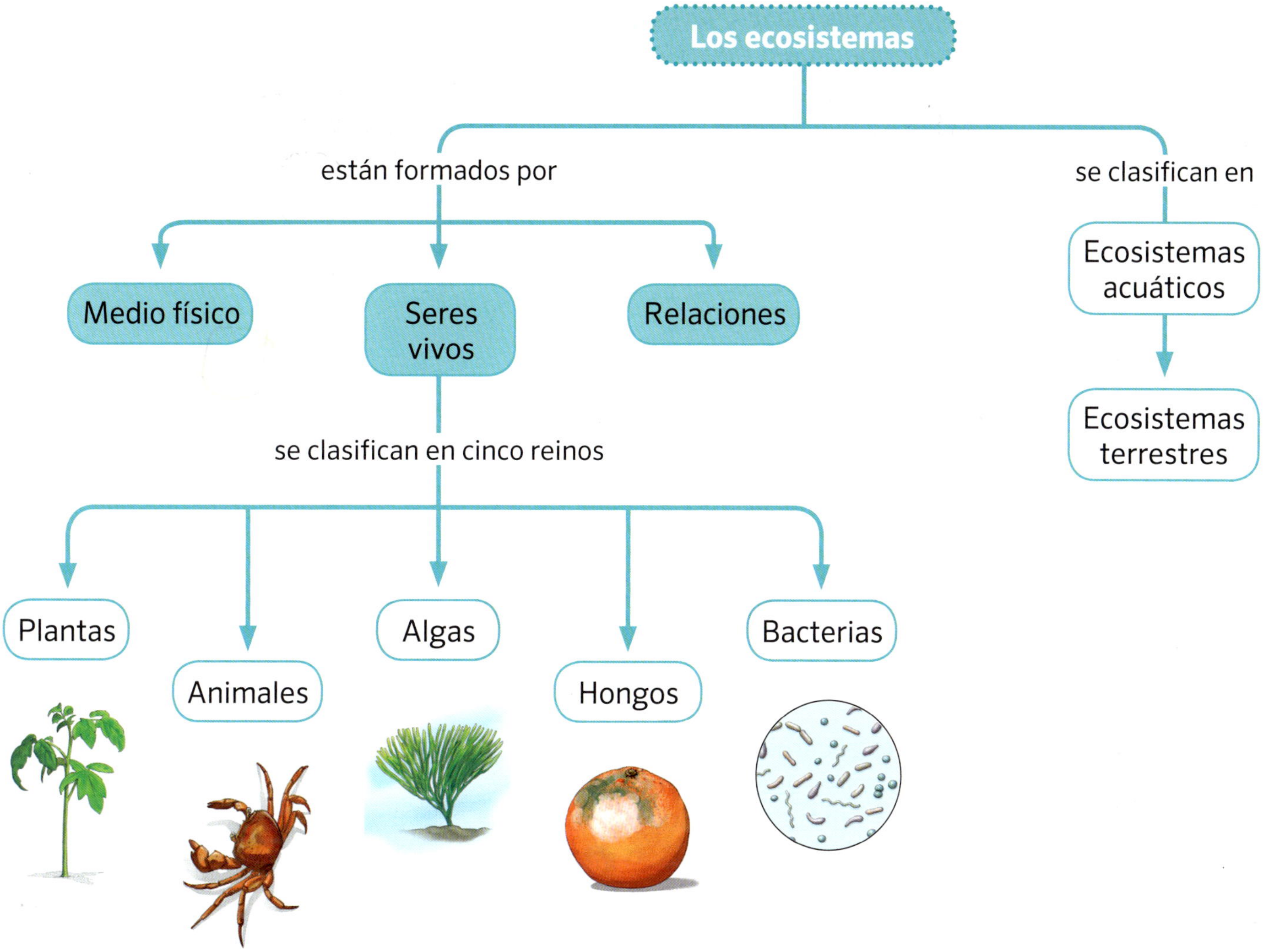


## Trabaja con el esquema

1. Copia y completa las siguientes oraciones.
   a) Los ecosistemas están formados por ●●●, ●●● y ●●●.
   b) Los seres vivos se clasifican en cinco reinos: ●●●, ●●●, ●●●, ●●● y ●●●.

2. Observa el esquema e indica dónde colocarías las siguientes palabras.

   caracol | manadas | humedad

3. Explica qué tipos de relaciones se pueden dar en un ecosistema.

4. Añade al esquema los grupos de animales vertebrados y de animales invertebrados que conoces.

5. Investiga qué ecosistemas hay en tu comunidad autónoma y añádelos en el esquema.

6. ¿En qué lugar del esquema incluirías los siguientes seres vivos?

7. ¿Cuáles de los seres vivos que aparecen en el esquema solo son visibles mediante el microscopio?

# Repasa la unidad

1. ¡No te dejes engañar! Descubre a los seres vivos que mienten y escribe quién debería decir cada oración.

2. Sal del laberinto siguiendo el camino de los animales invertebrados. ¿A qué grupo pertenece cada uno de los animales por los que has pasado?

3. Descubre al intruso que se ha colado en cada grupo y razona tu respuesta.

Tigre-ratón-ballena-rana-antílope

Seta-abeto-hongo-levadura del pan

4. Elige en tu cuaderno las opciones que describan correctamente a este ser vivo. ¿A qué grupo pertenece?

- Es ovíparo.
- Fabrica su propio alimento.
- Su piel está cubierta de escamas.
- Tiene esqueleto interno.

5. Cuenta las patas de los artrópodos y clasifícalos en esta tabla.

mariquita cangrejo araña libélula

| Insectos | Arácnidos | Crustáceos |
|---|---|---|
| ●●● | ●●● | ●●● |

6. ¿Qué tipo de relación representa la imagen?

7. En la zona de la charca de "La culabreja" conviven sapos, hierbas, escarabajos y garzas. Completa en tu cuaderno esta cadena alimentaria con dichos seres vivos.

hierbas → ●●● → ●●● → ●●●

¿Qué ocurrirá si un incendio arrasa todas las hierbas?

smSaviadigital.com

VALORA LO APRENDIDO Comprueba lo que sabes en la **autoevaluación.**

# Ponte a prueba

## Respetamos a los seres vivos

Clara está visitando un parque nacional, que es una zona donde los seres vivos y el medio en el que habitan están protegidos de una forma especial.

1. Si Clara sigue el itinerario marcado por los números, ¿qué población encontrará en cada punto? Indica a qué reino pertenece cada una y escribe dos ejemplos más de seres vivos de cada reino.
2. ¿Qué tipos de ecosistemas va a observar en su recorrido? Explica tu respuesta.
3. ¿Qué recomendaciones para el cuidado de los seres vivos incluirías en el cartel?

## Tarea final Un ecosistema en una caja

En esta unidad has visto los elementos que forman un ecosistema. Ahora te toca a ti crear un ecosistema con tus propias manos. ¿Estás preparado?

**PASO 1** En grupos, elegid un ecosistema, como el desierto o la selva, y buscad información sobre sus componentes.

**PASO 2** Recortad fotografías de los seres vivos de ese ecosistema y pegad detrás de ellas un palillo para sujetarlas. También podéis modelar figuras con plastilina.

**PASO 3** Cread el medio físico en una caja de cartón. Esparcid tierra, piedras y, si queréis representar un lago o un río, enterrad una taza con agua.

**PASO 4** Por último, colocad en la caja de cartón las figuras de los seres vivos que forman la comunidad del ecosistema elegido.

smSaviadigital.com

VALORA LO APRENDIDO ¿Cómo has trabajado en esta tarea?

# Tu revista

## Seres vivos... ¡en todas partes!

Casi podría decirse que no hay rincón del planeta donde no haya seres vivos. Los encontramos en ardientes desiertos con temperaturas altísimas, en regiones heladas a muchos grados bajo cero y a miles de metros bajo tierra. Hasta en los géiseres, surtidores de agua hirviendo que salen del suelo, se pueden descubrir bacterias.

¿Qué caracteriza al medio físico?

## Seres vivos un poco cochinos

Hay un grupo de hongos que, aunque te parezca mentira, eligen para vivir un lugar algo asqueroso: ¡las cacas de vaca!

Los hongos, ¿fabrican su propio alimento o se alimentan de restos de otros seres vivos?

## Dos reinos en un organismo

Los líquenes son seres vivos que están formados por representantes del reino de las algas y del reino de los hongos. ¡Mira qué chulos!

Se los considera entre los seres vivos mejor adaptados al planeta, pues pueden vivir tanto en las zonas heladas como en las más cálidas. ¡Con dos reinos, así cualquiera!

¿Qué ventajas le ofrecen al líquen cada reino?

## Un traje de bacterias

Aunque no las veas, están ahí: en nuestra piel, en nuestro intestino, en nuestro pelo... Nos envuelven, tanto por dentro como por fuera, como un fino traje que se adapta perfectamente a nuestro contorno.

Son ejércitos de bacterias beneficiosas sin las que no podríamos vivir.

Nos ayudan a digerir los alimentos y hacen la guerra a otros microbios para que no nos pongamos enfermos.

¿Todas las bacterias son beneficiosas?

## Amigos en el ecosistema

Observa la imagen. ¿Te parece que la hormiga ataca a los pulgones? Pues no, ocurre ¡todo lo contrario!

El pulgón segrega un líquido azucarado que a la hormiga le encanta. Para que el pulgón haga este líquido más dulce, la hormiga le acaricia con sus antenas.

A cambio de este "postre", la hormiga protege al pulgón. Lo mueve a hojas frescas cuando las hojas se secan. Si llueve, la hormiga corre para resguardarlo y lo pone debajo de las hojas. Y que a ninguna mariquita se le ocurra intentar comérselo... ¡menuda paliza recibe!

¿Se trata de una relación entre individuos de la misma especie o de distinta especie?

# Comprueba lo que has aprendido

## Test

¿Recuerdas todo lo que has aprendido durante este trimestre? Compruébalo en este test.

**1.** ¿En qué se parecen estos dos seres vivos?

A. Fabrican su propio alimento.
B. No se desplazan.
C. Se reproducen por semillas.

**2.** ¿Qué problemas tendrá una planta a la que una oruga le ha comido las hojas?

A. No podrá fijarse al suelo.
B. No podrá fabricar su alimento.
C. No podrá sostenerse.

**3.** ¿Qué partes presenta esta flor?

A. 6 pétalos, 1 estambre y 1 pistilo.
B. 6 pétalos, 1 estambre y 6 pistilos.
C. 6 pétalos, 6 estambres y 1 pistilo.

**4.** ¿Qué invertebrados ves en la imagen?

A. Moluscos, equinodermos y gusanos.
B. Moluscos, artrópodos y medusas.
C. Artrópodos, esponjas y medusas.

**5.** ¿Qué puede ocurrir en Sierra Morena si desaparecen los conejos de los que se alimenta el lince?

A. No ocurrirá nada en el ecosistema.
B. Los linces morirán por no tener alimento.
C. Aumentará el número de linces.

**6.** En la cadena alimentaria de la imagen...

A. la planta y el saltamontes son seres vivos productores.
B. el saltamontes y la rana son seres vivos consumidores.
C. no hay ningún ser vivo productor.

smSaviadigital.com REPASA

## Conocemos y cuidamos a los seres vivos

Adriana y sus amigos han decidido adoptar distintos seres vivos como mascotas y nos cuentan cómo cuidan de ellas.

1. Indica a qué reinos pertenecen las mascotas de Adriana y sus amigos.
2. Ayuda a Iván. ¿Crees que tiene que dar de comer a su planta? Explícalo.
3. ¿En qué grupo de plantas clasificarías el bonsái de Iván?
4. ¿Qué otros tipos de seres vivos pertenecen al mismo reino que el kéfir de Eva?
5. ¿Qué tienen en común las mascotas de Adriana, Mireia y Rubén? ¿En qué se diferencian?
6. ¿Qué otros seres vivos, además de la mascota de Eva, fabrican yogur? Indica a qué reino pertenecen.
7. ¿Qué tipo de consumidor es el caracol de Mireia? ¿Y la rana de Rubén? Razona tu respuesta.

# El campo, nuestro gran supermercado

**PROYECTO TRIMESTRAL**
Descubrimos la naturaleza

## Cultivos muy naturales

**Gracias a la agricultura, cultivamos plantas para la alimentación de los seres humanos y de los animales. Por eso, debemos cuidar estas plantas y ponerlas a salvo de otros seres vivos que las atacan, como son algunos invertebrados, algunos hongos y ciertos mohos.**

1 Compara estas imágenes y contesta a las preguntas.

a) ¿Qué plantas están sanas? ¿Cuáles no? Di en qué te basas.

b) El moho gris es un ser vivo que ataca principalmente a las frutas y verduras. Se caracteriza por cubrir la planta de una pelusilla grisácea. ¿Qué plantas de las fotografías están infectadas por moho gris? ¿A qué reino pertenece el moho gris?

c) Una de las hojas ha sido comida por un invertebrado, ¿sabes cuál es? ¿A qué reino pertenecen los invertebrados?

**2** Imagina que tienes una huerta plagada de pulgones. Lee en los siguientes folletos dos posibles métodos para eliminar la plaga y responde a las preguntas.

En primavera, las mariquitas resurgen con un hambre voraz, lo que es un peligro para los destructivos pulgones de nuestras huertas y jardines. Se calcula que pueden comer 5.000 pulgones en toda su vida. Además, también se alimentan de huevos de otros insectos dañinos como la mosca blanca y las polillas. Para atraer a las mariquitas a nuestros cultivos, basta poner plantas que a ellas les gustan, como la alfalfa, las zanahorias, las caléndulas y el cilantro. Este método es respetuoso con el medioambiente.

Los insecticidas químicos son productos de laboratorio que actúan muy rápidamente contra las plagas de nuestros campos. Hay muchos tipos y, entre ellos, hay algunos específicos contra los pulgones. El mayor problema de estos insecticidas es su capacidad de contaminar el medioambiente a través del aire, la tierra y el agua. Además, resultan dañinos para los peces y las aves. También está expuesto a sus efectos el ser humano, que puede sufrir dolores de cabeza, envenenamientos y problemas de crecimiento.

a) Compara los datos de los dos métodos. Copia y completa en tu cuaderno una ficha como la siguiente.

| |  MARIQUITAS |  INSECTICIDA QUÍMICO |
|---|---|---|
| ORIGEN ANIMAL | ●●● | ●●● |
| DAÑINO PARA EL SER HUMANO | ●●● | ●●● |
| CONTAMINANTE | ●●● | ●●● |
| RÁPIDO | ●●● | ●●● |

b) ¿Qué método elegirías para eliminar los pulgones de tu huerta? Explica a tus compañeros por qué has tomado esa decisión.

# 3 La relación y la salud

## Disfrutar gracias a los sentidos

Es genial ir al baloncesto con tu familia y tus amigos para ver un partido. Oír el sonido de los aplausos cada vez que meten una canasta, saborear un bocadillo y saciar la sed con una botella de agua fresquita, cómodamente sentado. ¿A que sí?

Este momento de disfrute es posible gracias a que las personas tenemos unos detectores muy útiles, que son los sentidos. Los sentidos nos informan continuamente de todo lo que ocurre a nuestro alrededor.

## Hablamos

1. Observa la imagen. ¿Ves representada alguna función vital? Explícalo en tu cuaderno.

2. ¿Con qué función vital están relacionados los cinco sentidos?
   A. Nutrición
   B. Relación
   C. Reproducción

3. Fíjate en las personas que están en la grada e indica en qué etapa de la vida se encuentran. Justifica tu respuesta.

4. Relaciona cada sensación con el sentido que ha aportado esa información.

| | |
|---|---|
| Asiento liso • | • Oído |
| Sabor del bocadillo • | • Tacto |
| Aplausos • | • Gusto |

## ¡Qué importante es... identificar las emociones!

Percibir lo que sienten los otros y ponernos en su lugar nos permite entender mejor sus reacciones, y hace que se sientan comprendidos por nosotros.

### Tarea final

¿Te apuntas a una labor detectivesca? Averigua qué emociones sienten los demás.

# 1 La función de relación

A Silvia no le hace falta abrir los ojos para saber que su padre le ha preparado su plato favorito. A su nariz le llega el olor de la sopa que tanto le gusta. ¡Qué rica!

Continuamente estamos recibiendo información del mundo que nos rodea, y la percibimos a través de los sentidos.

## Nos relacionamos

La **función de relación** nos permite **percibir estímulos** sobre aquello que ocurre a nuestro alrededor y **elaborar respuestas**. En la función de relación intervienen:

- Los **órganos de los sentidos**, que reciben la información del exterior. Por ejemplo, los ojos y la nariz.
- El **sistema nervioso**, que recoge la información y elabora respuestas. El cerebro es un órgano del sistema nervioso.
- El **aparato locomotor**, que nos permite ejecutar las respuestas que elabora el sistema nervioso. Los huesos y los músculos pertenecen al aparato locomotor.

## Los órganos de los sentidos

Los órganos de los sentidos son como nuestras ventanas al mundo exterior. A través de ellos, captamos los estímulos que nos llegan del entorno y enviamos mensajes al cerebro.

El ser humano tiene cinco sentidos: la **vista**, el **oído**, el **olfato**, el **gusto** y el **tacto**.

## La vista

La **vista** nos informa del color, la forma y el tamaño de las cosas. Los **ojos** son los órganos del sentido de la vista. Están formados por el **globo ocular** y los **órganos que los protegen**, que son los **párpados**, las **cejas**, las **pestañas** y las **glándulas lacrimales**.

El globo ocular está formado por:

- El **iris**: es el círculo de color que está en la zona delantera del globo ocular. Puede ser marrón, verde o azul.
- La **pupila**: es la abertura por donde entra la luz al interior del globo ocular.
- La **retina**: es una capa que recubre el interior del globo ocular y recibe la información. El nervio óptico manda esa información al cerebro.

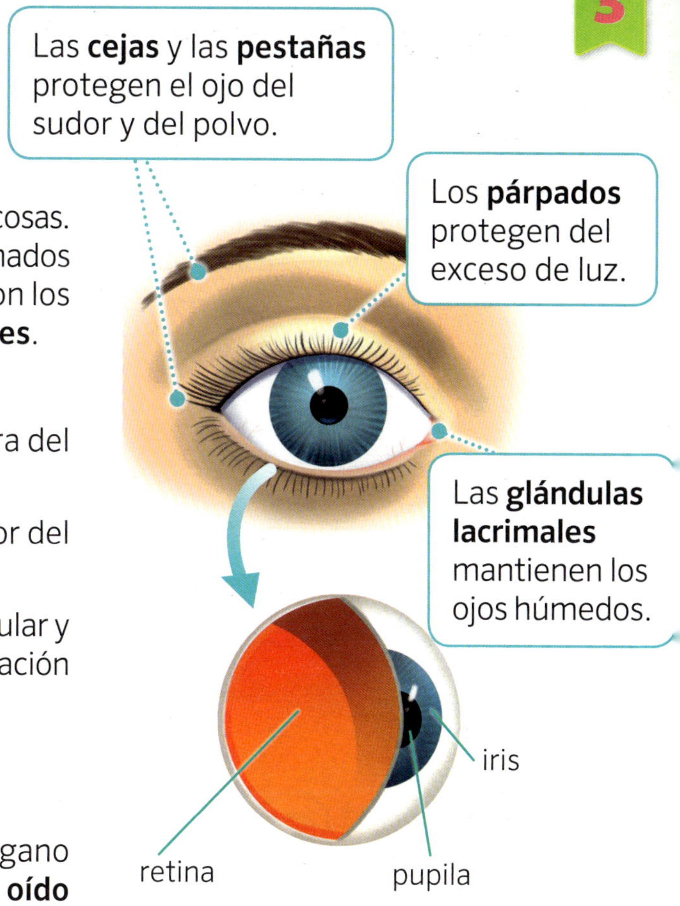


## El oído

Captamos los sonidos a través del sentido del **oído**. El órgano de este sentido se llama también **oído** y tiene tres partes: **oído externo**, **oído medio** y **oído interno**.

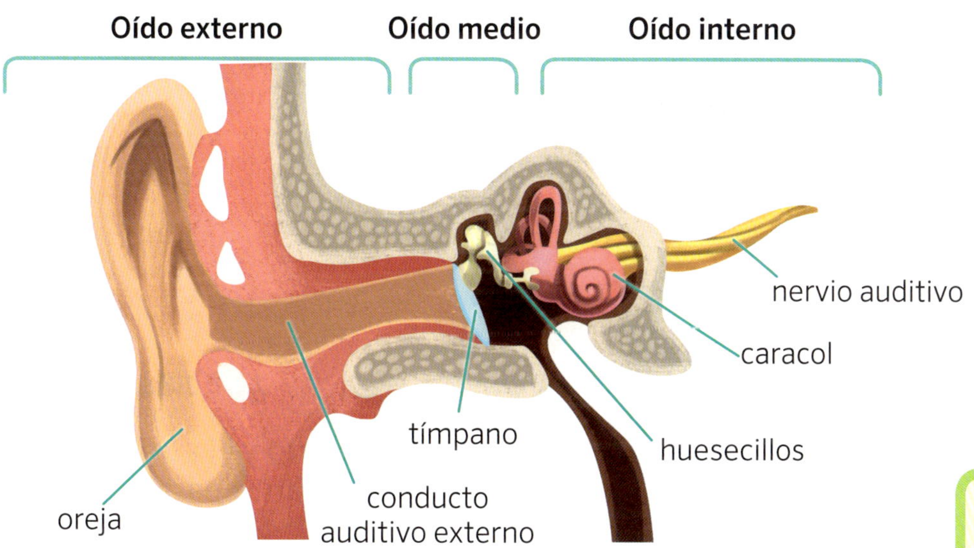


Los sonidos entran por la **oreja**, pasan por el **conducto auditivo** y chocan con el **tímpano**, que empieza a vibrar. Las vibraciones se transmiten a la **cadena de huesecillos** y llegan hasta el **caracol**. Desde el caracol, las señales viajan por el **nervio auditivo** hasta el cerebro.

- La función de **relación** consiste en **percibir estímulos** y **elaborar** y **ejecutar respuestas**.
- Los **órganos de los sentidos**, el **sistema nervioso** y el **aparato locomotor** intervienen en la función de relación.

### Actividades

1. Imagina que estás en una tormenta. ¿Con qué sentidos la percibes? ¿Cuál sería tu respuesta?
2. Localiza los errores y corrige la oración.

La oreja forma parte del oído medio. A través de él captamos los sonidos.

# 2 El olfato, el gusto y el tacto

¿Crees que es magia? La varita del mago no tiene nada que ver. No solo recibimos información a través de la vista y el oído. El olfato, el gusto y el tacto nos informan sobre los olores, sabores y texturas del mundo que nos rodea.

Todas estas sensaciones las recibimos a través del **olfato**, del **gusto** y del **tacto**.

## El olfato

El sentido del **olfato** nos permite apreciar el olor de las cosas. El órgano del olfato es la **nariz**.

Cuando respiramos, el aire entra y sale por las dos aberturas de la nariz llamadas **orificios nasales**. Estos orificios se comunican con las **fosas nasales**, que son dos cavidades separadas por el **tabique nasal**.

En las fosas nasales se encuentra la **pituitaria**, que nos permite distinguir los olores y envía la información al cerebro.

## El gusto

Mediante el sentido del **gusto** percibimos el sabor de las cosas. El órgano del gusto es la **lengua**.

En la lengua tenemos unos bultitos llamados **papilas gustativas**. Estas papilas nos permiten diferenciar los cuatro sabores básicos: **dulce**, **salado**, **ácido** y **amargo**.

Para que los alimentos tengan sabor, es necesario que las sustancias se disuelvan en la saliva. Así pueden ser detectadas por las papilas gustativas, que envían la información al cerebro.

### ¿Sabías que...?

**El olfato y el gusto son necesarios para que la comida tenga sabor**

El gusto y el olfato están muy relacionados. Cuando tenemos comida en la boca, simultáneamente la saboreamos y la olemos, porque la boca y la nariz están conectadas.

Por eso, cuando estamos resfriados y tenemos la nariz taponada, la comida no nos sabe a nada.

## Observa y comprende El olfato y el gusto

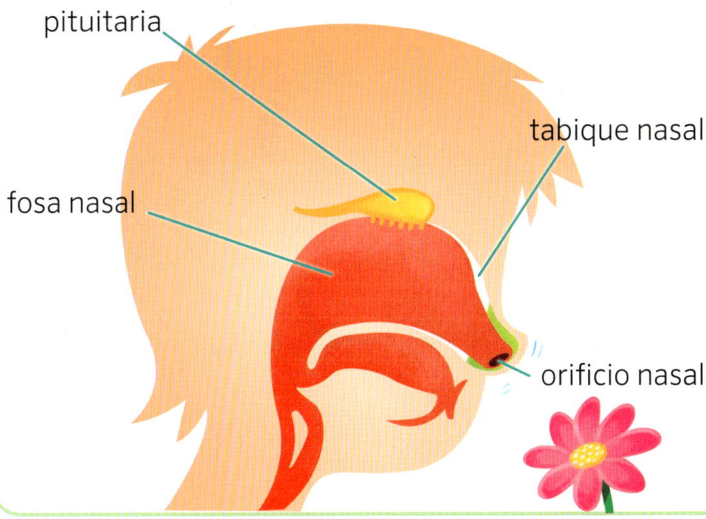


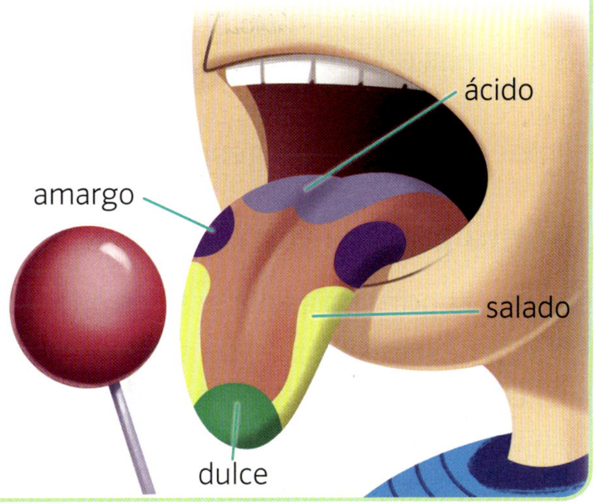


## El tacto

El sentido del **tacto** nos permite apreciar el frío y el calor, el dolor, si los objetos son suaves o ásperos, lisos o rugosos..., recibir esta información y enviarla al cerebro. El órgano del tacto es la **piel**.

La piel está formada por varias capas y se va renovando constantemente. Cubre y protege todo nuestro cuerpo, desde la cabeza a los pies. Tiene distintas características según la zona donde se encuentre, por ejemplo, en los pies la piel es mucho más dura y gruesa que en los labios.

smSaviadigital.com
PRACTICA Repasa los sabores.

- Mediante el sentido del **olfato** captamos los olores.
- Con el sentido del **gusto** captamos los sabores.
- El sentido del **tacto** nos permite percibir si algo es liso o rugoso, si está frío o caliente...

## Actividades

3 ¿Qué sentidos aparecen representados en cada imagen?

a 

b 

4 ¿A qué órgano y a qué sentido pertenecen estas partes?

a) Pituitaria

b) Orificios nasales

c) Fosas nasales

5 ¿Por qué es necesaria la saliva para que los alimentos tengan sabor?

# 3 El sistema nervioso

¿Has pensado alguna vez en lo bien que funciona tu cuerpo? Respiras, tu corazón late, decides comer si tienes hambre... Esto es posible porque tenemos un "centro de control" adonde llegan mensajes y de donde salen órdenes que dirigen todas las acciones que realiza el cuerpo.

Este centro de control es el **sistema nervioso**. Gracias a él, tenemos **memoria**, **inteligencia**, **sentimientos** y **emociones**.

## ¿Cómo es el sistema nervioso?

Las partes principales del sistema nervioso son el **cerebro** y los **nervios**.

- El **cerebro** se encuentra en el cráneo. Recibe la información que le envían los sentidos y elabora órdenes para que el cuerpo responda correctamente.
- Los **nervios** son unos filamentos finos que se ramifican por todo el cuerpo. Son los encargados de transmitir la información desde los órganos de los sentidos al cerebro, y desde el cerebro a todos los órganos del cuerpo.

Observa los nervios que mandan información de los órganos de los sentidos al cerebro.

## Funcionamiento del sistema nervioso

Fíjate en los pasos que se suceden para que Alejandro ponga comida a su gato Peluso.

Con el órgano del sentido del oído, Alejandro capta los maullidos de su gato Peluso.

Desde el oído y por el nervio auditivo, se envía al cerebro la información del sonido.

El cerebro reconoce que son maullidos de hambre y da la orden: hay que dar de comer a Peluso.

El aparato locomotor ejecuta la orden y Alejandro se mueve para coger la comida y dársela a Peluso.

## Tipos de movimientos

Cuando recibimos un estímulo, nuestro cerebro emite una **respuesta**, y esta se traduce en un **movimiento** que lleva a cabo el aparato locomotor.

Existen dos tipos de movimientos: los **movimientos voluntarios** y los **movimientos involuntarios**.

- Los **movimientos voluntarios** son movimientos **lentos** que hacemos de manera **voluntaria**. Por ejemplo, cuando cogemos el bolígrafo para escribir una carta.
- Los **movimientos involuntarios** son movimientos muy **rápidos** que hacemos de manera **automática**. Por ejemplo, cuando retiramos la mano al tocar una taza muy caliente.

> ▶ Los **nervios** llevan la información al **cerebro**, que elabora una **respuesta**.
>
> ▶ El **aparato locomotor** puede desarrollar **movimientos voluntarios** y **movimientos involuntarios**.

smSaviadigital.com

PRACTICA Descubre cómo funciona el sistema nervioso.

### Actividades

**6** Explica cuál es la función de los nervios.

**7** Indica si son movimientos voluntarios. Explica por qué.

- saltar del susto
- llamar a la puerta
- coger un balón

# 4 El sistema locomotor

El árbitro pita y tiras la falta. Esto se debe a que tu aparato locomotor ha recibido del cerebro la orden de chutar lo más fuerte posible para meter un gol.

Los músculos y los huesos forman el **aparato locomotor**.

## El esqueleto

El esqueleto está formado por el conjunto de **huesos** de nuestro cuerpo. Los huesos son duros, resistentes y rígidos. Esto permite que el esqueleto proteja los órganos internos y dé forma a nuestro cuerpo.

En las **articulaciones**, como la rodilla o el codo, los huesos se encuentran conectados unos con otros mediante los **ligamentos**. Las articulaciones permiten que podamos movernos. Prueba a peinarte sin doblar el codo, ¿a qué es difícil?

smSaviadigital.com
JUEGA Y PRACTICA Ayuda a la momia.

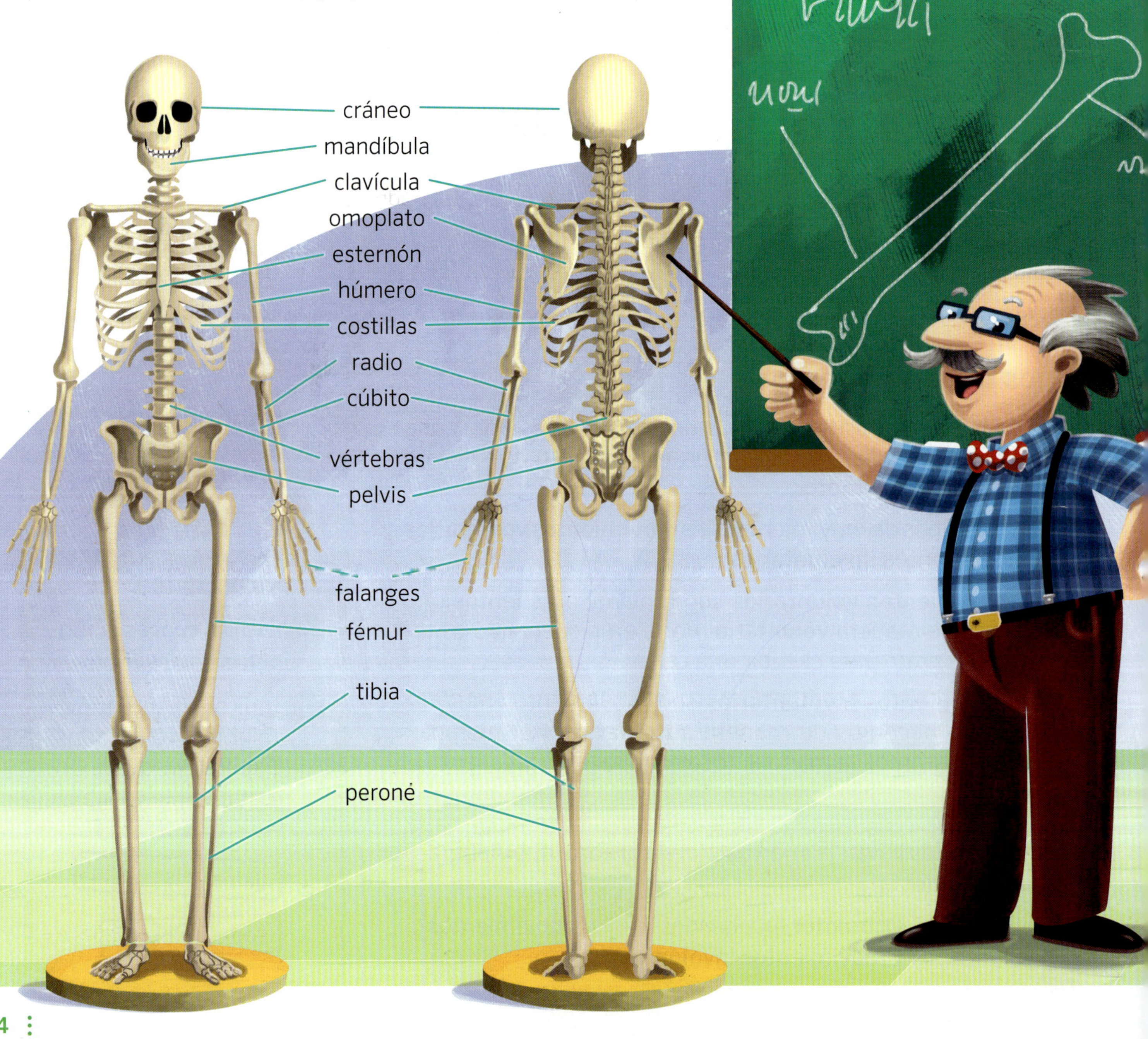

## La musculatura

La musculatura está formada por el conjunto de **músculos** de nuestro cuerpo. Los músculos son las piezas blandas y flexibles del aparato locomotor.

Los músculos se unen a los huesos por medio de los **tendones**.

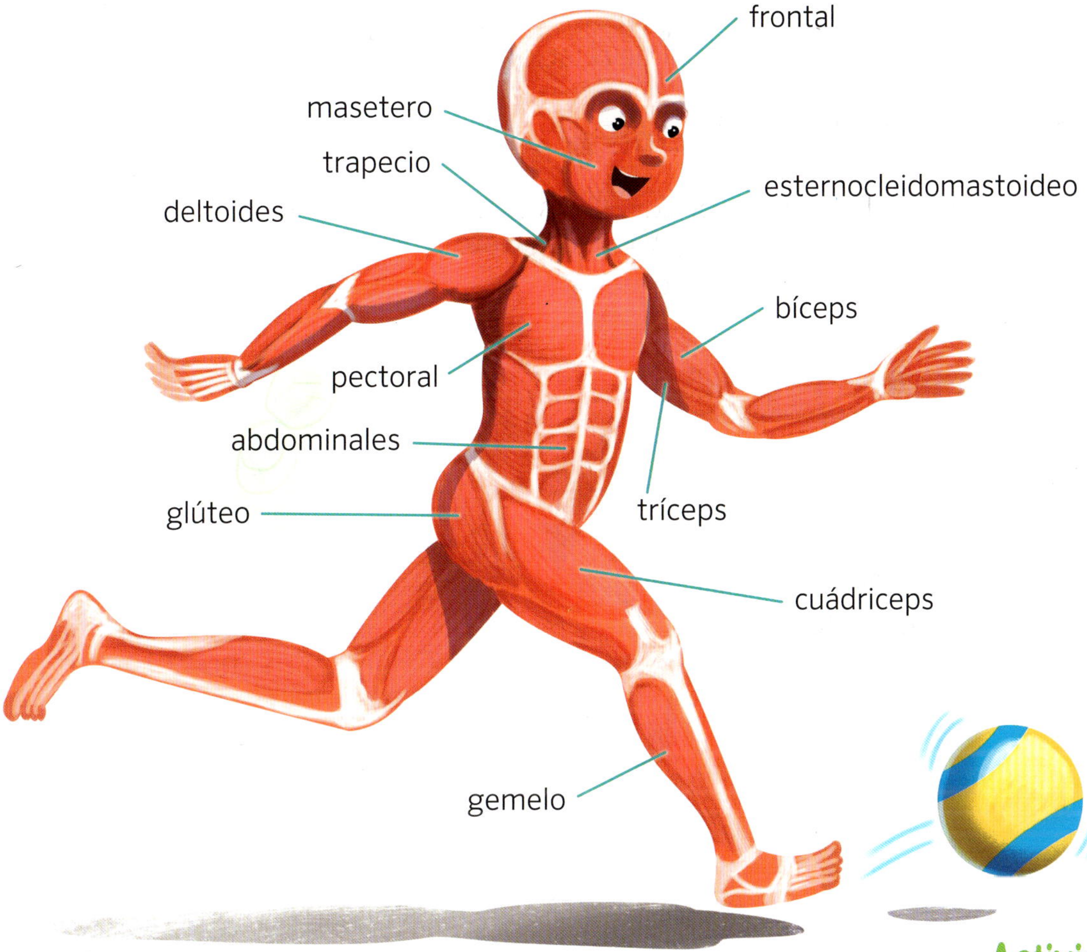


## ¿Cómo nos movemos?

Nos movemos gracias a que los músculos son capaces de contraerse y de estirarse.

Cuando a un músculo le llega una orden del cerebro, se contrae, es decir, se hace más corto, y tira de los huesos a los que está unido, lo que produce el movimiento.

- El **aparato locomotor** está formado por los **huesos** y los **músculos**.
- El aparato locomotor es el encargado de **ejecutar las órdenes** que le llegan del cerebro y de producir un **movimiento**.

### Actividades

8 El esternón y las costillas forman una caja. ¿Para qué sirve? ¿Qué protege?

9 ¿Qué pasaría si no tuvieses la articulación de la rodilla?

10 Indica en qué parte del cuerpo se sitúan estos músculos.

gemelo | tríceps | frontal | pectoral

# 5 La relación y la salud

¿Te imaginas el desastre que sería si los sentidos enviaran al cerebro mensajes equivocados? ¿O si el cerebro empezara a dar órdenes sin sentido?

Si esto ocurriera, puede que no oliéramos el filete que se está quemando o que los conductores no distinguieran entre el semáforo en rojo o en verde... En fin, ¡sería un lío!

Por eso, es muy importante mantener en perfecto estado todos los órganos que intervienen en la función de relación.

## Cuidamos nuestra función de relación

Hay muchas medidas que podemos tomar para el cuidado de los órganos de los sentidos, del sistema nervioso y del aparato locomotor.

### Medidas de prevención

**CUIDAR LOS SENTIDOS**

- Evitar ruidos fuertes y no introducir nada en el oído.
- Leer con buena iluminación y no mirar directamente al sol. No estar mucho tiempo frente a pantallas iluminadas.
- Mantener limpia la nariz y sonarse suavemente.
- Cepillarse los dientes después de cada comida.
- Ducharse con frecuencia y proteger la piel de los rayos del sol con cremas solares.

**CUIDAR EL APARATO LOCOMOTOR**

- Realizar ejercicio físico.
- Calentar los músculos antes de hacer ejercicio físico.
- Ser prudente en nuestras acciones para evitar caídas y accidentes.
- Alimentarse correctamente.
- Mantener posturas correctas, y sentarse y andar con la espalda recta.

**CUIDAR EL SISTEMA NERVIOSO**

- Dormir al menos nueve horas al día.
- No abusar de la televisión, el ordenador, el móvil o las consolas.
- No consumir sustancias nocivas como el alcohol y las drogas.
- Dedicar tiempo a relacionarse con los amigos y la familia.

## Alteraciones en la función de relación

Si no seguimos las medidas de prevención comentadas, podemos sufrir trastornos.

Algunas de las alteraciones más comunes que podemos sufrir son las siguientes:

- Estar muchas horas delante del ordenador o jugando con la consola puede enrojecer nuestros ojos, darnos dolor de cabeza y aislarnos de nuestros amigos.
- Escuchar música con un volumen alto puede dañar nuestros oídos y darnos dolor de cabeza.
- Introducir algo en nuestros oídos o tocarnos los ojos con las manos sucias puede hacer que cojamos infecciones, como la otitis y la conjuntivitis.
- No cepillarnos los dientes después de cada comida puede hacer que nuestras encías y dientes enfermen.
- Dormir poco hará que nuestros músculos, huesos y cerebro no descansen lo suficiente y no se recuperen.
- Tener posturas incorrectas hará que nos duela la espalda y puede llegar a deformar nuestra columna.

### ¿Sabías que...?

**Los primeros auxilios nos ayudan a cuidar nuestra piel**

Cuando te hagas una herida, lávate las manos con agua y jabón y echa abundante agua en ella. A continuación, quita la suciedad desde el centro de la herida hacia la zona de la piel sana.

Por último, desinfecta la herida y cúbrela con una gasa.

Los hábitos saludables nos ayudan a prevenir alteraciones y enfermedades en nuestro cuerpo.

### Actividades

**11** Observa las imágenes. ¿Cuáles de ellas te parecen posturas incorrectas? Razónalo.

a

b

c

**12** ¿Qué parte del esqueleto puede deformarse si tenemos posturas inadecuadas? Explica tu respuesta.

**13** Describe tres acciones que favorezcan el cuidado de los órganos de los sentidos.

**14** Explica dos ejemplos de malos hábitos que pueden alterar el sistema nervioso.

**15** Fíjate en lo que hace Virginia después de cenar. ¿Crees que actúa correctamente? Justifícalo.

# Así se construye la ciencia

## Representamos resultados

En ciencia hay que ser muy ordenados y anotar todos los datos que obtenemos. Vamos a inventar un código para representar los resultados de un experimento sobre el sentido del tacto.

**PASO 1** **Nos preguntamos qué queremos averiguar** con nuestro experimento y cómo vamos a hacerlo. Por ejemplo, ¿el tacto funciona por igual en todas las zonas de la piel? Para ello, tocaremos a un compañero en distintas partes del cuerpo con la punta de dos lápices, mientras tiene los ojos cerrados.

**PASO 2** **Inventamos un código de signos** que usaremos en un esquema. En este experimento usaremos como esquema un dibujo del cuerpo humano.

**PASO 3** **Anotamos con orden los resultados** en el esquema usando el código de signos.

**PASO 4** **Analizamos** el esquema con los resultados.

### Razono

1. ¿Por qué crees que hay más sensores del tacto en los dedos de las manos que en la espalda?

### Pongo en práctica

2. Repite el experimento. Invéntate otros códigos y esquemas diferentes para representar los resultados obtenidos.

# Organiza tus ideas

**La función de relación**

en ella intervienen:

- **Sentidos** — envían información al → **Sistema nervioso**
  - son: Vista, Oído, Olfato, Gusto, Tacto
- **Sistema nervioso** — envía órdenes al → **Aparato locomotor**
  - formado por: Cerebro → Nervios
- **Aparato locomotor**
  - formado por: Esqueleto → Musculatura

## Trabaja con el esquema

1. Copia el esquema en tu cuaderno y añade el nombre de los órganos de cada uno de los sentidos.

2. Copia y completa el texto que aparece a continuación. Después, añade las palabras en tu esquema.

   > Nuestro cerebro emite ●●● que van acompañadas de un movimiento. Este movimiento puede ser de dos tipos: ●●●, si los hacemos de forma automática, o ●●●.

3. Fíjate en la imagen de la floristería. ¿Qué sentidos aparecen representados? Razona tu respuesta.

4. Coloca en tu esquema las siguientes palabras, según se trate de un hueso o de un músculo.

   fémur · deltoides · trapecio · tibia · húmero · clavícula · cuádriceps

5. ¿En qué lugares del esquema incluirías estas imágenes?

a

b

c

# Repasa la unidad

1 Dibuja un ojo visto de frente con el iris verde y con las partes que lo protegen. Señala el nombre y la función de cada una.

2 ¿Qué sentidos se utilizan principalmente en estas situaciones?

a

b

c

d

3 Eva ha hecho el siguiente puzle. Su madre dice que hay un fallo en las partes del oído. ¿Detectas dónde está el problema?

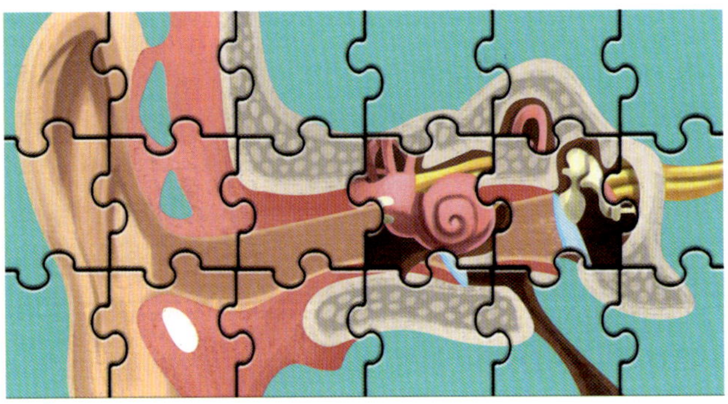

4 Selecciona las oraciones falsas y escríbelas de forma correcta.

A. Los nervios elaboran las órdenes para que el cuerpo responda.

B. Decir adiós con la mano es un movimiento involuntario.

C. El cerebro y los músculos forman el aparato locomotor.

5 Descubre el nombre de diez partes de los órganos de los sentidos. Después, escribe a qué sentido pertenece cada una de ellas.

6 ¿Cómo se llaman las partes que unen los músculos a los huesos?

7 Raúl se ha roto la tibia, Sofía el húmero y Clara el fémur. ¿Qué radiografía corresponde a cada uno?

a
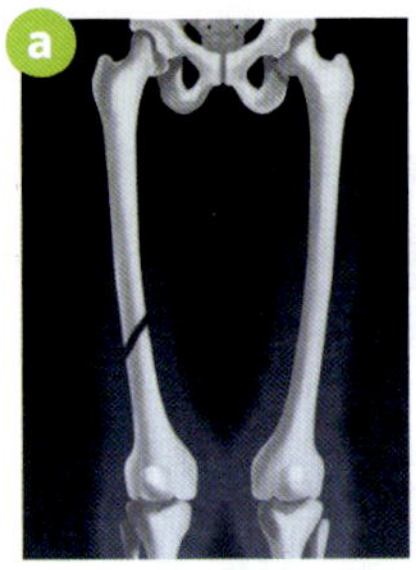

b
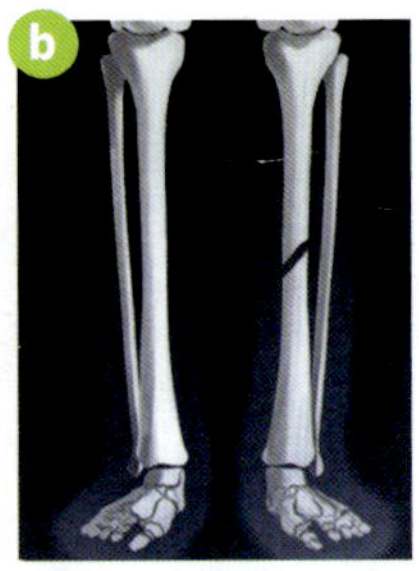

c
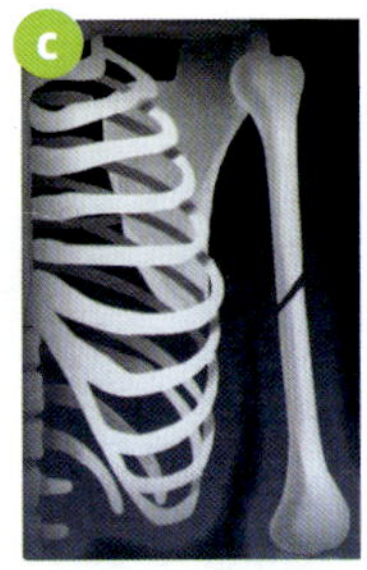

8 Copia estos movimientos en tu cuaderno y escribe V si se trata de un movimiento voluntario e I si es involuntario.

- Saltar a la cuerda
- Parpadear
- Respirar

9 Entre las siguientes medidas de prevención, elige las que cuidan el aparato locomotor.

no abusar de las consolas

cepillarse los dientes

hacer deporte

sentarse con la espalda recta

smSaviadigital.com

VALORA LO APRENDIDO Comprueba lo que sabes en la **autoevaluación.**

# Ponte a prueba

## Para evitar lesiones

1. Escribe en orden las letras de la pizarra que se corresponden con la sucesión de estiramientos que ha dicho la profesora.

2. Entre estos cuatro estiramientos, ¿cuáles son mejores para prepararse para una carrera? Explica por qué.

## Tarea final **Detectives de emociones**

Nuestras emociones forman parte de la relación. Los músculos de la cara y del cuerpo expresan miedo, alegría... Si observamos a los demás, podremos conocer lo que sienten.

PASO 1 En grupos, elegid cinco emociones y dos causas que puedan provocarlas.

PASO 2 Haced una tarjeta con cada una, como las que podéis ver a la derecha.

**ABURRIDO**
Ordenar la habitación

**ALEGRÍA**
Mañana es mi cumpleaños

PASO 3 Mezclad las tarjetas. Cada uno tiene que coger una al azar y representar la emoción para que los demás adivinen de cuál se trata.

PASO 4 Poneos de acuerdo en cómo habría que pensar para convertir las emociones negativas en emociones positivas. Por ejemplo:

**ABURRIDO**
Ordenar la habitación

→

**SATISFACCIÓN**
Con la habitación ordenada, encuentro todos los juguetes

smSaviadigital.com
VALORA LO APRENDIDO **¿Cómo has trabajado** en esta tarea?

## ¿Te apetecen estos pasteles?

¿Te has fijado alguna vez en que casi no hay alimentos de color azul?

Si la comida tiene un aspecto raro, como el de estos pastelillos, nuestro cerebro la rechaza, y no porque sea tiquismiquis. En realidad, tenemos un cerebro de lo más listo y precavido, pues sabe que, cuando la comida tiene ese aspecto, puede ser que se esté pudriendo y que ese color se deba a los mohos y bacterias que la invaden.

¿Qué sentido envía señales al cerebro sobre el color de los pasteles?

## ¡Sonríe, que cuesta menos!

¿Sabías que para sonreír usamos solo 17 músculos, mientras que para fruncir el ceño utilizamos 43?

Así que, ya sabes, a sonreír, que es más fácil...

Nombra algún músculo de la cara.

## El mundo a través de las papilas

Un bebé tiene muchas más papilas gustativas que un adulto. Las tiene hasta en el paladar e incluso en los lados de la boca. Muchas de ellas van desapareciendo a medida que crecemos. Esto es lógico porque un bebé conoce el mundo que lo rodea a través de su boca. ¿Te has fijado en que los bebés se llevan todo a la boca y lo chupan?

¿Qué sabores detecta nuestra lengua?

## Con los pelos de punta...

En la base de cada pelo de nuestra piel hay un diminuto músculo. Cuando nos asustamos o tenemos frío, el musculito se contrae, lo que hace que el pelo se levante.

Para nosotros, tal y como vivimos ahora, no es importante. Pero al resto de los animales el pelo erizado los hace parecer más grandes y más amenazadores, lo que ahuyenta a sus atacantes.

¿Se trata de un movimiento voluntario o involuntario?

### Un cerebro despistado

¿A que parece que las líneas del cuadrado están curvadas? Pues no, están perfectamente rectas.

Lo que ocurre es que, a veces, nuestro cerebro se despista y no entiende bien las señales que le llegan desde los sentidos.

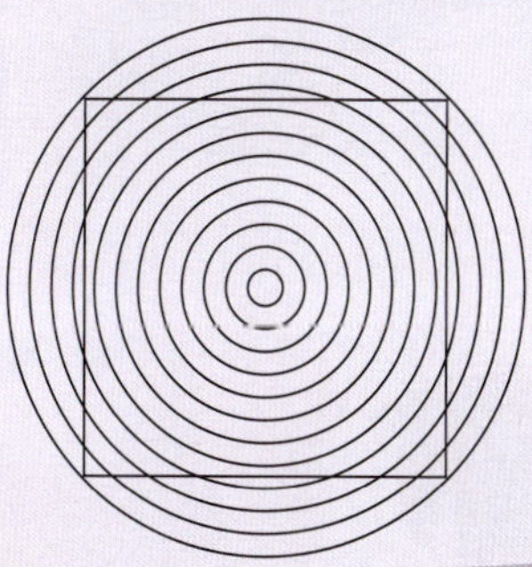

¿Cómo se llama el nervio que conecta el ojo con el cerebro?

### ¡Socorro! ¡No me funciona un dedo!

Coloca tu mano sobre una mesa en esta posición e intenta levantar cada dedo por separado. ¿Qué pasa con el dedo anular? ¡No se levanta!

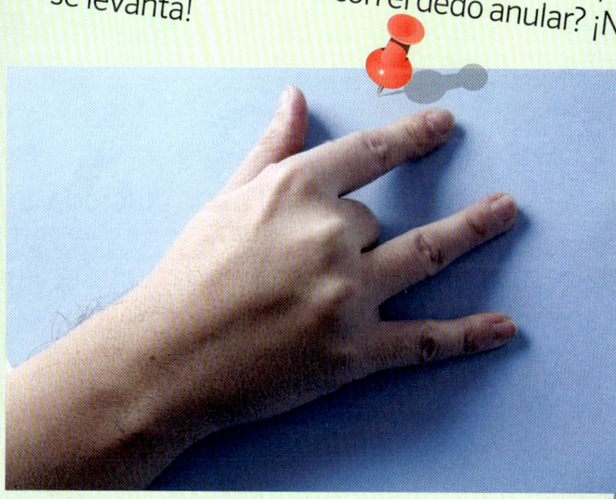

¿Cómo se llaman los huesos de los dedos?

No te asustes, no eres un bicho raro. Lo que pasa es que los dedos anular y corazón están relacionados por un mismo tendón y no se pueden mover por separado.

# 4 La nutrición y la salud

## ¿Comes bien?

Piénsalo bien antes de contestar. Comer bien no es zampar y tragar todo lo que se nos pone por delante.

Ser un experto en nutrición significa saber qué alimentos necesitamos para mantenernos activos y sanos. Seguro que los conoces: frutas, verduras, pan, huevos, agua… Y no hay que creerse todo lo que dicen los anuncios de televisión sobre lo buenos que son los dulces, los fritos o los productos con grasas, porque muchos de esos alimentos no son saludables.

Si aprendes a comer bien, te podrás convertir en un gran chef y diseñar menús riquísimos y sanos que te den energía para realizar todas las tareas del día.

## Hablamos

1. ¿Con qué función vital está relacionado el texto?
2. Según el texto, ¿cuáles de los siguientes alimentos crees que son sanos?

   hamburguesa | huevos | pan | plátano | chucherías | lechuga

3. ¿Cuál de los dos niños crees que sabe comer bien? ¿Por qué?
4. ¿Crees que es sano el menú que anuncian en la televisión de la imagen? Justifica tu respuesta.

## ¡Qué importante es... la salud dental!

Cepillarse los dientes cada día no solo impide las caries y los mantiene sanos. También evita que las bacterias presentes en la boca puedan enfermarnos.

### Tarea final

¿Conoces bien tu dentadura? Demuéstralo al final de la unidad.

# 1 La función de nutrición

Fíjate en Susana, ¡qué rápida es! Pero ¿de dónde saca tanta energía esta chica?

El alimento es el combustible que nos hace funcionar y que le proporciona a Susana la energía suficiente para correr.

## Los alimentos y los nutrientes

Cuando comemos, tomamos **alimentos**. Los alimentos están formados por unas sustancias más sencillas, son los **nutrientes**. Existen distintos tipos de nutrientes: las **proteínas**, los **hidratos de carbono**, las **grasas**, las **vitaminas** y los **minerales**.

Mediante la función de **nutrición** ingerimos los alimentos y los transformamos en nutrientes. De ellos obtenemos **energía** para realizar las funciones vitales y **materia** para crecer y renovar nuestro cuerpo. En este proceso se generan **sustancias de desecho** que el organismo debe expulsar.

Para llevar a cabo la función de nutrición, nuestro cuerpo, además, necesita **oxígeno**.

### Observa y comprende Los alimentos nos proporcionan nutrientes

están formados por

proteínas, hidratos de carbono, grasas, vitaminas y minerales

nos proporcionan

**materia** ⟷ **energía**

## Los aparatos que intervienen en la nutrición

En la función de nutrición intervienen distintos aparatos. Cada uno de ellos se encarga de una tarea:

smSaviadigital.com
**COMPRENDE** Los aparatos que intervienen en la nutrición.

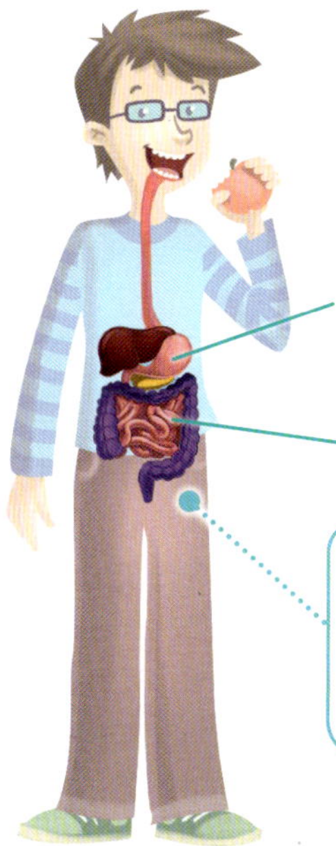


**Aparato digestivo**

Transforma los alimentos en nutrientes.

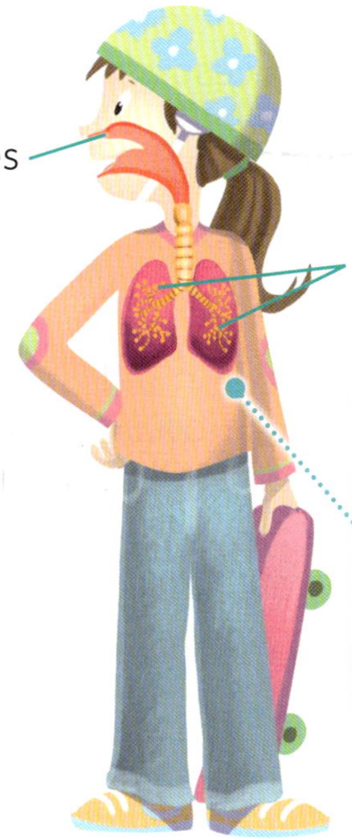


**Aparato respiratorio**

Absorbe el oxígeno del aire. También expulsa el dióxido de carbono, un gas que se produce como sustancia de desecho.

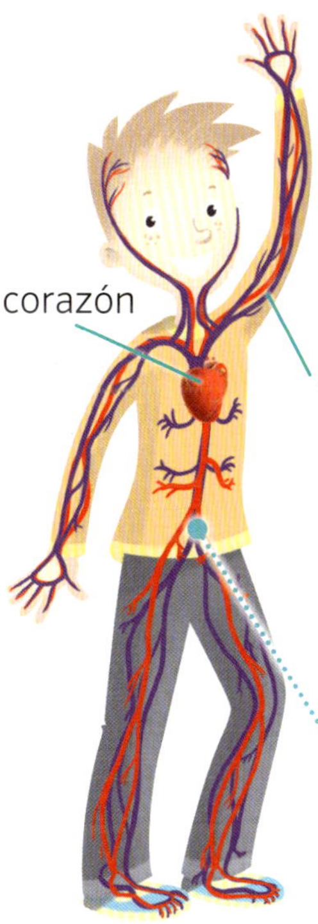


**Aparato circulatorio**

Transporta los nutrientes y el oxígeno por todo el cuerpo y recoge las sustancias de desecho.

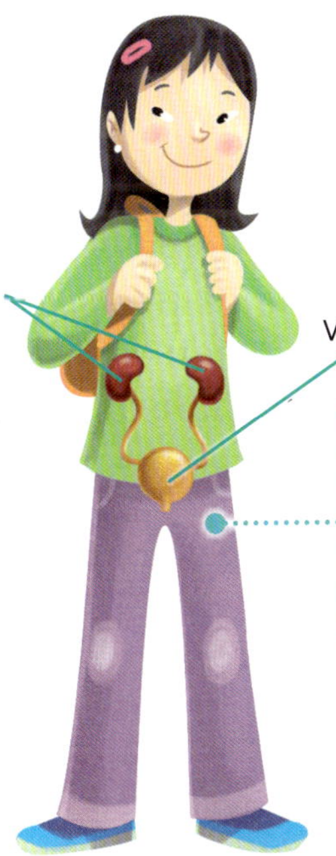


**Aparato excretor**

Expulsa las sustancias de desecho que se originan durante la nutrición.

- Los **alimentos** nos proporcionan los **nutrientes** necesarios para crecer y realizar las funciones vitales.
- En la función de **nutrición** intervienen el **aparato digestivo**, el **aparato respiratorio**, el **aparato circulatorio** y el **aparato excretor**.

### Actividades

1. Indica en qué grupos podemos clasificar los nutrientes.
2. ¿Qué aparatos expulsan desechos en la nutrición?

# 2 El aparato digestivo

¿Te imaginas que nuestro cuerpo no transformara la manzana que has comido en nutrientes? El aparato circulatorio no podría transportarla ni podríamos usarla para obtener materia y energía.

Por eso necesitamos que los alimentos se transformen en sustancias más sencillas. Este proceso recibe el nombre de **digestión**, y lo realiza el **aparato digestivo**.

## Las partes del aparato digestivo

El aparato digestivo tiene dos partes:

- El **tubo digestivo**, que es un tubo largo de unos diez metros de longitud. Consta de la **boca**, la **faringe**, el **esófago**, el **estómago**, el **intestino delgado** y el **intestino grueso**.
- Las **glándulas**, que son órganos que vierten sustancias en el tubo digestivo para ayudar a hacer la digestión. Son las **glándulas salivales**, el **hígado** y el **páncreas**.

## La digestión

Observa el recorrido que hace la manzana.

## Experimenta Con la saliva comienza la digestión

La saliva es clave para la digestión. No solo porque reblandece la comida y ayuda a tragarla, sino porque contiene elementos que transforman los alimentos en sustancias más sencillas. ¡Vamos a verlo!

1. Mantén un trozo de pan en tu boca sin masticarlo durante unos minutos.

2. Pasado ese tiempo notarás que el pan tiene una consistencia distinta y un sabor dulce. Esto se debe a que la saliva empieza a digerir los hidratos de carbono.

3 Si repites este experimento con un trozo de espagueti, notarás que adquiere también un sabor dulce. En cambio, con un trozo de mantequilla notarás un sabor salado. ¿A qué crees que se debe?

- La **digestión** es la transformación de los alimentos en sustancias más simples llamadas **nutrientes**.
- La **digestión** tiene lugar en el **aparato digestivo**.

sm**Savia**digital.com
JUEGA Y APRENDE Las 3 en raya de la digestión.

## Actividades

4 Indica cuáles de los siguientes órganos forman parte del tubo digestivo. Explica su función.

a
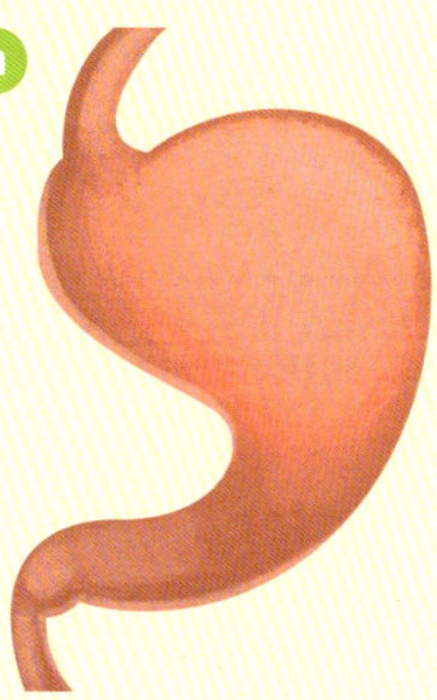

b

c
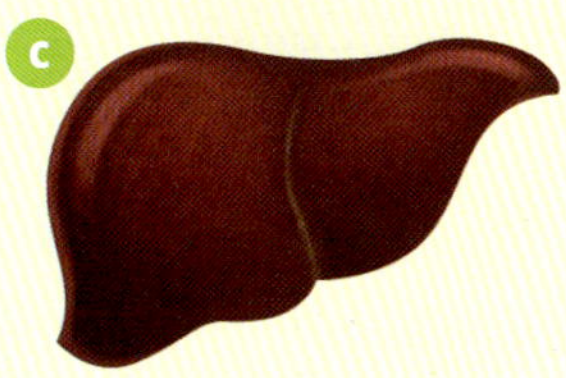

5 Dibuja en tu cuaderno el aparato digestivo, escribe el nombre de sus partes e indica su función.

6 ¿En qué parte del tubo digestivo vierten sus jugos las glándulas salivales?

7 Ordena estas partes del aparato digestivo según el recorrido que sigue el alimento cuando lo comemos.

faringe · páncreas · boca · esófago · estómago · intestinos

# 3 Otros aparatos que intervienen en la nutrición

Durante la nutrición, nuestro cuerpo funciona como un gran restaurante. ¡Vamos a verlo!

El **aparato digestivo** y el **aparato respiratorio** son los *cocineros*. Se encargan de obtener los nutrientes y el oxígeno que nuestro cuerpo necesita.

El **aparato circulatorio** es el *camarero* que reparte los nutrientes y el oxígeno por todo el cuerpo, y recoge las sustancias de desecho. Y al final, el **aparato excretor** elimina los desechos que se generan.

## La respiración y el aparato respiratorio

Para que el oxígeno llegue a todo el cuerpo, es necesario respirar. La respiración se realiza en dos fases:

- La **ventilación pulmonar**, que se realiza en dos procesos: la **inspiración** y la **espiración**. En la inspiración el aire entra en los pulmones, y en la espiración el aire sale de los pulmones.
- El **intercambio de gases**, por el cual el oxígeno inspirado pasa a la sangre, y el dióxido de carbono de la sangre pasa a los pulmones para que sea expulsado.

De la respiración se encarga el **aparato respiratorio**. Está formado por las **vías respiratorias** y los **pulmones**.

Las vías respiratorias son los conductos por los que entra y sale el aire. Constan de las **fosas nasales**, la **faringe**, la **laringe**, la **tráquea**, los **bronquios** y los **bronquiolos**.

## La circulación y el aparato circulatorio

El **sistema circulatorio** lleva los **nutrientes** y el **oxígeno** por todo el cuerpo, y recoge **desechos** que se deben eliminar.

El aparato circulatorio está compuesto por:

- La **sangre**, que es un líquido rojo que circula por el interior de los vasos sanguíneos.
- Los **vasos sanguíneos**, que son los conductos por los que circula la sangre. Hay tres tipos: **arterias**, **venas** y **capilares**.
- El **corazón**, que es el órgano encargado de bombear la sangre para que circule por los vasos sanguíneos mediante unos movimientos llamados **latidos**.

## La excreción y el aparato excretor

Durante la nutrición se generan dos tipos de desechos: el **dióxido de carbono**, que es expulsado por el aparato respiratorio, y **otras sustancias**, que son eliminadas por el **aparato excretor**.

El aparato excretor está formado por el **sistema urinario** y las **glándulas sudoríparas**.

- El sistema urinario expulsa las sustancias de desecho a través de la **orina**. Lo forman los **riñones**, los **uréteres**, la **vejiga** y la **uretra**.
- Las glándulas sudoríparas se encuentran en la piel y eliminan otros restos por medio del **sudor**.

El **aparato respiratorio**, el **aparato circulatorio** y el **aparato excretor** también intervienen en la nutrición..

### Actividades

**8** ¿A qué órgano se refiere cada oración?

Filtran la sangre.

Bombea la sangre.

Producen el sudor.

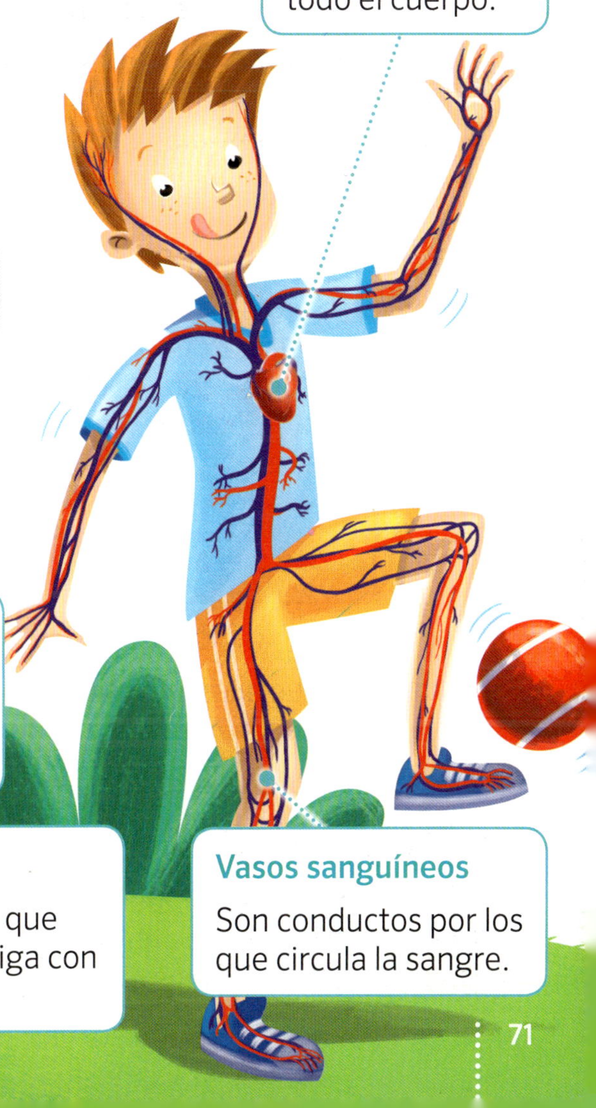

# 4 La nutrición y la salud

Sergio ha comido un montón de chucherías en el parque y le duele la tripa. Es lógico que se encuentre mal, ¿verdad?

Para que nuestro cuerpo y todos los órganos que participan en la función de nutrición funcionen correctamente, es imprescindible tener una alimentación adecuada.

## Una alimentación saludable

Alimentarse correctamente es tomar los alimentos que nos proporcionan todos los nutrientes que necesita nuestro cuerpo y hacerlo en las cantidades adecuadas.

Cada nutriente tiene su función y se encuentra en determinados alimentos.

smSaviadigital.com
JUEGA Y APRENDE Un restaurante 3 estrellas.

### Los nutrientes

**Proteínas**

Proporcionan los materiales necesarios para crecer y reparar el cuerpo.
Están presentes en la carne, el pescado, los huevos, la leche y las legumbres.

**Hidratos de carbono**

Proporcionan la energía necesaria para llevar a cabo las funciones del cuerpo.
Están presentes en el arroz, la pasta, el pan, las frutas, las patatas y el azúcar.

**Grasas**

Proporcionan la energía necesaria para llevar a cabo las funciones del cuerpo.
Están presentes en el aceite, la mantequilla, el embutido y el tocino.

**Vitaminas y minerales**

Ayudan a que el cuerpo funcione de manera correcta.
Están presentes en las frutas, las verduras, la leche y sus derivados, como el yogur o el queso.

Según la edad y la actividad física, cada persona necesita una alimentación diferente. Un niño que está creciendo no necesita los mismos nutrientes que un deportista o que un anciano.

Para saber qué alimentos tenemos que tomar, en qué cantidades y con qué frecuencia, usamos la **pirámide alimentaria**.

Los alimentos que están en la **parte superior** hay que tomarlos **solo de vez en cuando** y en pequeñas cantidades. Los alimentos que aparecen en la **zona media** debemos tomarlos **varias veces a la semana**. Y los alimentos representados en la **parte inferior** de la pirámide hay que consumirlos en mayor cantidad que el resto y **todos los días**. ¿A que es fácil?

## La conservación de los alimentos

Los alimentos se estropean muy fácilmente. Por eso, si no se van a consumir enseguida, conviene utilizar sistemas para conservarlos en buenas condiciones.

Existen distintos métodos de conservación:

- El **frío** es un buen método de conservación. Si vamos a conservar los alimentos durante pocos días, usamos la nevera. Si los vamos a guardar más tiempo, conviene **congelarlos**.
- Las **conservas** permiten tener alimentos disponibles y en perfecto estado de conservación. Este método consiste en guardar los alimentos en recipientes en los que se extrae el aire.

### ¿Sabías que...?

En las etiquetas de las conservas es muy importante consultar la **fecha de caducidad**, que es el día límite a partir del cual el alimento ya no se debe tomar.

## Prácticas saludables para la nutrición

Además de una alimentación saludable, existen otras prácticas necesarias para cuidar los aparatos implicados en la nutrición.

### Higiene

Mantén limpios tus dientes y manos para evitar caries y problemas en el aparato digestivo.

### Aire limpio

Intenta respirar aire limpio para prevenir la aparición de resfriados, gripe y otras enfermedades.

### Ejercicio

Practica ejercicio físico, ya que mejora la circulación, previene la obesidad y favorece la eliminación de desechos mediante el sudor.

### Alimentación

Realiza cinco comidas al día. No abuses de las grasas y del azúcar, que pueden producir obesidad y caries.

- Llevar una **dieta saludable** favorece la buena salud de todos los aparatos implicados en la nutrición.
- Los **métodos de conservación** ayudan a mantener durante más tiempo los alimentos en buenas condiciones.

### Actividades

**9** Transforma estos hábitos perjudiciales en saludables.

- Comer dos veces al día: comida y cena.
- Lavarse los dientes una sola vez al día.

# Así se construye la ciencia

## ¿Cómo hacemos una encuesta?

PASO 1 **Nos preguntamos qué es lo que queremos estudiar** con la encuesta. Por ejemplo, queremos saber si los alumnos del curso de 4.º A practican hábitos de nutrición saludables.

PASO 2 **Escribimos las preguntas** de la encuesta con sus posibles respuestas.

PASO 3 **Repartimos la encuesta** entre los alumnos de 4.º A para que la rellenen.

PASO 4 **Recogemos los datos** y, por último, **analizamos los resultados**.

### Razono

1 ¿Qué conclusiones sacas de estos resultados obtenidos en 4.º B?

¿Te lavas las manos antes de comer?
Sí: 12 No: 13
¿Comes dulces todos los días?
Sí: 16 No: 9

### Pongo en práctica

2 Elabora tu propia encuesta siguiendo estos pasos. Debe tener, al menos, cinco preguntas y tiene que servir para saber si los alumnos de 4.º de Primaria conocen los órganos que forman parte del aparato digestivo y sus funciones.

# Organiza tus ideas

**La nutrición**

- nos proporciona → **Materia y energía**
- comprende los procesos de → **Digestión** → **Respiración** → **Circulación** → **Excreción**
- la cuidamos con → **Alimentación saludable** / **Otras prácticas**

## Trabaja con el esquema

1. Copia el esquema en tu cuaderno. Después añádele los aparatos que llevan a cabo los procesos recogidos en el esquema.

2. Copia y completa el texto. Después agrega las palabras a tu esquema.

> La digestión transforma los ●●● en unas sustancias más sencillas. Estas sustancias más sencillas son los ●●● y se dividen en: ●●●, ●●●, ●●●, ●●● y ●●●.

3. ¿Qué nutrientes aportan principalmente estos alimentos? Indica la función que desempeñan.

a  b  c  d 

4. Indica en tu cuaderno en qué parte del esquema colocarías las siguientes palabras.

sudor | saliva | oxígeno | vena | orina | heces | diafragma

5. ¿Dónde incluirías en tu esquema cada uno de los siguientes órganos?

a 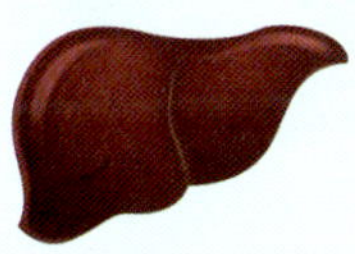 b 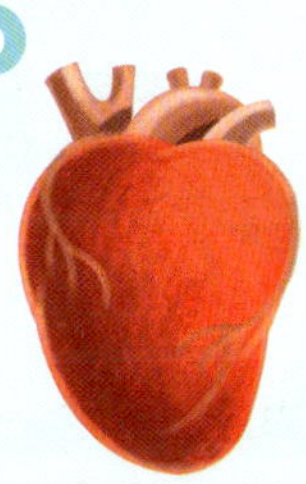 c 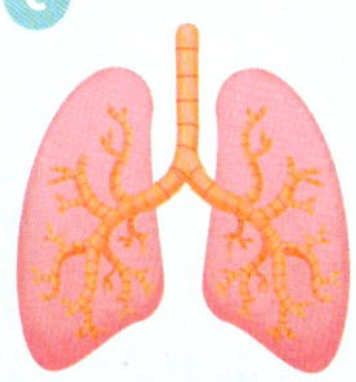

6. Incluye en tu esquema tres prácticas saludables para cuidar la función de nutrición.

7. Explica en qué consiste una alimentación saludable.

# Repasa la unidad

**1** ¿A qué aparato del cuerpo humano corresponden las siguientes funciones?

a) Transporta el oxígeno por el cuerpo.

b) Convierte los alimentos en nutrientes.

**2** Clasifica las siguientes palabras en dos grupos según sean alimentos o nutrientes.

huevo · vitaminas · arroz · grasas · alubias · chorizo · hidratos de carbono · proteínas · pan · piña

**3** El aire con el que Juan apaga las velas, ¿contiene más dióxido de carbono que el que inspiró? Razona tu respuesta.

**4** Copia el dibujo en tu cuaderno e indica el recorrido que sigue el aire que es inspirado hasta que llega a los pulmones. Nombra los órganos que recorre.

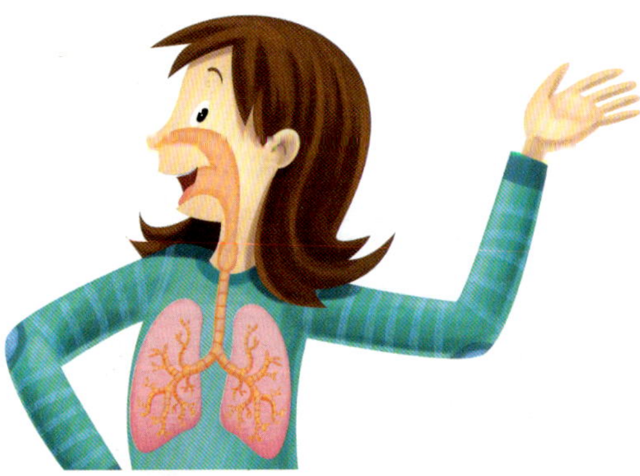

**5** ¿Por qué crees que cuando sudamos mucho tenemos menos necesidad de orinar?

**6** Escribe un párrafo que explique la función del aparato circulatorio. Incluye estas palabras:

arterias - oxígeno - corazón - capilares - desechos - venas - nutrientes - sangre

**7** Ordena y relaciona cada número con lo que está ocurriendo en esa parte del cuerpo.

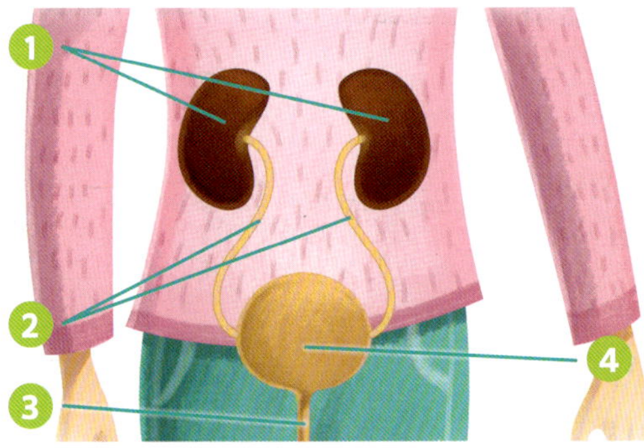


- La orina sale por la uretra.
- Se extraen los desechos de la sangre.
- Se acumula la orina en la vejiga.
- La orina pasa de los riñones a la vejiga.

**8** ¿Qué nutriente aporta cada uno de los alimentos señalados en este plato?

**9** La madre de Adriana quiere darle un alimento que le proporcione energía para el partido que va a jugar. ¿Cuál de estos platos debería elegir? ¿Por qué?

A. Ensalada

B. Judías con jamón

C. Arroz con tomate

**10** Escribe una práctica saludable para cuidar cada uno de los aparatos de la nutrición.

smSaviadigital.com

VALORA LO APRENDIDO Comprueba lo que sabes en la **autoevaluación**.

# Ponte a prueba

## ¿Qué como hoy?

Algunas personas no pueden tomar ciertos alimentos porque les sientan mal. Elena es celiaca y no puede ingerir alimentos que contengan gluten, una sustancia presente en los cereales.

1. Los cereales se utilizan para elaborar pasta, harinas, galletas, pan... Con este dato, ¿qué menú debería elegir Elena para comer?

2. ¿Qué nutriente aportan principalmente los cereales? Elabora una lista para Elena con otros alimentos que le aporten el mismo nutriente.

## Tarea final **Unos dientes muy trabajadores**

Ya has visto que la digestión empieza en la boca y que los dientes cumplen un papel fundamental. ¡Vamos a verlo!

PASO 1 Dibujad en una cartulina una boca gigante en donde se vean todos los dientes que tenemos.

PASO 2 Investigad sobre los distintos tipos de dientes. ¡Existen cuatro tipos! Identificadlos en la cartulina y colocad estas etiquetas.

| | | | |
|---|---|---|---|
| Los caninos desgarran el alimento. | Los molares trituran el alimento. | Los premolares rompen y trituran el alimento. | Los incisivos cortan el alimento. |

PASO 3 Los alimentos ricos en hidratos de carbono pueden hacer enfermar nuestros dientes. Añadid dibujos de alimentos que conviene comer con moderación y medidas de higiene para evitar las caries.

smSaviadigital.com
VALORA LO APRENDIDO **¿Cómo has trabajado** en esta tarea?

## ¡Glups... qué vergüenza!

¿Se te ha puesto alguna vez la cara como un tomate por la vergüenza?

Si te ha pasado, es que estás bien preparado para reaccionar ante el peligro. Y es que, en situaciones de estrés, el corazón envía más sangre al cerebro y a los músculos para estar preparados por si hay que huir a toda velocidad. En la cara, la piel es más fina y se transparentan los vasos sanguíneos. Por eso, ese "subidón" de sangre hace que nos pongamos rojos como un tomate.

¿A qué aparato del cuerpo humano pertenece el corazón?

## ¿Una jaula de leones en el estómago?

Seguro que alguna vez te ha ocurrido en clase, en el cine... que tus tripas se han puesto a rugir como un león. ¡Qué corte!

Pero no importa, a todo el mundo le sucede. Después de un tiempo con el estómago vacío, nuestro cuerpo envía una señal al cerebro: ¡¡Quiero comida!! Esta señal hace que nuestros intestinos se muevan.

Como aún no hay nada que digerir y tanto el intestino como el estómago están vacío, se produce un sonido que parece un eco. ¡Y lo oyen hasta los de la clase de al lado!

¿Qué órganos recorre el alimento entre el estómago y el ano?

## ¿Por qué bostezamos?

Cuando estamos aburridos o cansados, nuestra respiración es más lenta y nuestro cuerpo recibe menos oxígeno.

El bostezo es una inspiración muy profunda. Así el cuerpo incorpora una cantidad extra de oxígeno que a nuestro cerebro le viene de maravilla para activarse un poco más.

¿Cómo llega el oxígeno al cerebro?

## Un coche... ¡para comérselo!

El ecoF3 es el primer automóvil de carreras diseñado por la Universidad de Warwick que está creado totalmente con materiales renovables ¡y además comestibles! El volante está hecho a base de zanahoria; la carrocería, de patatas, y el asiento, de soja. Además, ¡utiliza chocolate como combustible!

Si te comieras el automóvil ecoF3, ¿qué nutrientes incorporarías?

## Calcetines apestosos

¿Cómo puede ser que los calcetines huelan tan mal solo por nuestro sudor? ¿Estaremos rancios por dentro?

No te preocupes, tu cuerpo está perfectamente. Lo que ocurre es que los pies son la parte más sudorosa del cuerpo humano. ¡Cada pie contiene miles de glándulas sudoríparas que, en dos días, pueden producir casi un litro de agua! A las bacterias que hay en nuestra piel les encanta el sudor y son las que provocan ese olor pestilente.

¿La solución? Mantener limpios nuestros pies para evitar que una buena tropa de bacterias se instale cómodamente en ellos.

¿A qué aparato del cuerpo humano pertenecen las glándulas sudoríparas?

# Comprueba lo que has aprendido

## Test

¿Recuerdas todo lo que has aprendido durante este trimestre? Compruébalo en este test.

**1.** ¿A qué órgano de los sentidos pertenecen las siguientes partes?

caracol | huesecillos | tímpano

A. El ojo
B. El oído
C. La piel

**2.** ¿Qué órgano ha enviado la orden de golpear la pelota?

A. El ojo, al ver que venía la pelota.
B. El cerebro, tras recibir el mensaje enviado por el ojo.
C. El músculo del brazo.

**3.** ¿Qué músculos son los que más está ejercitando Alberto?

A. El bíceps y el tríceps.
B. El cuádriceps y el gemelo.
C. El pectoral y el trapecio.

**4.** ¿Cuál es el recorrido que sigue el alimento desde la boca hasta el ano?

A. Tráquea, estómago, intestino delgado, intestino grueso.
B. Esófago, estómago, intestino delgado, intestino grueso.
C. Esófago, estómago, intestino grueso, intestino delgado.

**5.** ¿Cuál de los siguientes platos es el que más te ayudaría a crecer?

Merluza a la plancha
Arroz con tomate
Macedonia de frutas

A. La macedonia de frutas
B. La merluza a la plancha
C. El arroz con tomate

**6.** ¿Quién está realizando una práctica saludable para la nutrición?

David | Susana | Felipe

A. David
B. Susana
C. Felipe

smSaviadigital.com REPASA

## Una yincana diferente

Esther y sus amigas van a disputar una yincana. Tienen que llegar al restaurante, pero cada una tiene que hacerlo de una manera. ¿Podrán llegar?

1. ¿Qué camino es el más seguro para cada niña? Describe por dónde tendría que ir cada una y explica por qué lo crees así.

2. ¿Qué aparato u órgano tiene alterado cada una de las niñas? ¿Con qué función vital está relacionado? Explícalo en tu cuaderno.

3. Por fin han llegado al restaurante. ¡Qué hambre tienen! ¿Qué sentidos van a utilizar principalmente? Razona tu respuesta.

4. Esther y sus amigas han gastado mucha energía en la yincana. ¿Cuál de los siguientes platos les recomendarías para reponer fuerzas? Justifícalo.

a

b

c

# Un país de gran riqueza

PROYECTO TRIMESTRAL
Descubrimos el arte

## La gastronomía española, un arte saludable

¿Sabes que el hecho de cocinar puede convertirse en un arte? Cada vez son más los grandes cocineros españoles que, además de cocinar de maravilla, demuestran que saben dar belleza a los platos que preparan mediante formas originales y vistosas.

Gracias a ellos, España tiene una de las mejores gastronomías del mundo tanto por la calidad como por la variedad de sus platos.

1 Observa los siguientes platos creativos y responde a las preguntas.

a) ¿Qué nutriente aportan principalmente cada uno de ellos?

b) ¿Qué plato sería el más adecuado para crecer?

c) Imagina que te comes uno de estos platos. Indica el recorrido que hará en el interior de tu aparato digestivo.

**2** En equipos de 4 o 5 compañeros, elaboramos nuestro propio plato creativo. Después, individualmente, contestamos a las preguntas que aparecen a continuación.

a) Copia y completa esta ficha en tu cuaderno. ¿Con qué órgano de los sentidos percibes cada sensación?

**Mi plato**

*Qué veo* ........................................

*A qué huele* ........................................

*Qué colores tiene* ........................................

*Cómo puede sonar al comerlo* ........................................

*Qué siento al tocarlo* ........................................

*A qué sabe* ........................................

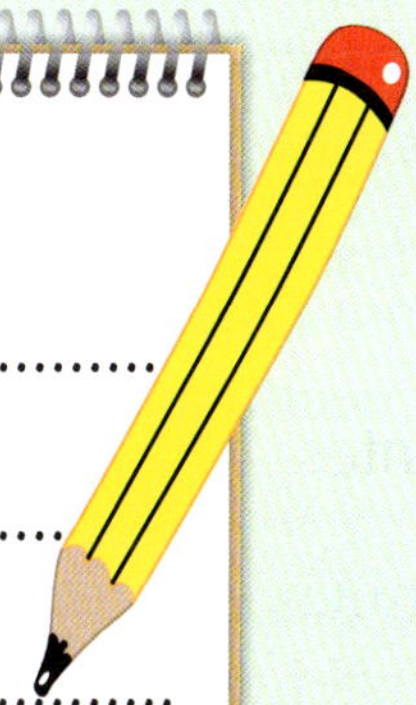

b) ¿La elaboración de este plato ha sido un movimiento voluntario o involuntario? Justifica tu respuesta.

**3** Una buena alimentación no es la única condición para estar sanos. Los buenos hábitos también ayudan a llevar una vida saludable. Escribe y completa esta tabla indicando de qué manera colaboran estos buenos hábitos para la salud de nuestro cuerpo.

| | ¿A qué aparatos u órganos favorece? | ¿Qué nos ayuda a prevenir? | ¿Cada cuánto debo realizarlo? |
|---|---|---|---|
| Hacer ejercicio | ●●● | ●●● | ●●● |
| Cepillarse los dientes | ●●● | ●●● | ●●● |
| Beber agua | ●●● | ●●● | ●●● |
| Oír música a un volumen adecuado | ●●● | ●●● | ●●● |
| Ponerse crema protectora | ●●● | ●●● | ●●● |
| Sentarse derecho | ●●● | ●●● | ●●● |
| Leer con buena iluminación | ●●● | ●●● | ●●● |

# 5 La materia y las máquinas

## Máquinas divertidas

Rubén le ha contado un secreto a Paula: por su cumpleaños va a ir al parque de atracciones. Los parques de atracciones son geniales ¡Están llenos de máquinas divertidas! La noria, que es como una rueda enorme, la montaña rusa con sus coches y terribles cuestas, el trenecito que recorre el parque echando humo…

Muchas de estas máquinas están hechas de acero para que sean más resistentes, pero tienen partes de plástico, lo que les da suavidad y comodidad.

Tanta gente visita estos parques que debemos ser cuidadosos y recoger toda la basura que se genera: bolsas de patatas, cajas de *pizza*, botellas, papeles… Si no ¡vaya desastre!

## Hablamos

1. ¿Qué máquinas menciona el texto que hay en un parque de atracciones?

2. Observa la imagen. Escribe los nombres de tres objetos que sean de metal y de otros tres que sean de plástico.

4. Indica en qué contenedor de los que aparecen en la imagen depositarías estos restos.

botella de plástico | caja de cartón | mapa del parque | envase de zumo

## ¡Qué importante es... la discreción!

A veces, las personas nos abren sus sentimientos para que las conozcamos mejor y conservemos en la intimidad lo que han compartido con nosotros.

### Tarea final

¡Los espías sí que saben ser discretos! Crea un mensaje secreto con agua y sal.

# 1 La materia y sus propiedades

Observa estos dos burros. ¿Cuál crees que lleva el carro más pesado?

Una patata pesa más que una brizna de paja, pero el saco de la paja es mucho más grande... ¡Qué difícil! Lo cierto es que ambos carros pesan lo mismo porque, aunque ocupan distinto volumen, los sacos tienen la misma masa: 100 kilogramos.

## Propiedades generales de la materia

Todo lo que nos rodea, tu ropa, el agua que bebes, el aire que respiras... está formado por **materia**, y, por tanto, tiene masa y volumen.

La **masa** es la cantidad de materia de un cuerpo. Se mide en gramos o en kilogramos mediante **balanzas** y **básculas**.

El espacio que ocupa un cuerpo es el **volumen**. Se puede medir en litros. Para ello se usan **jarras** y **vasos medidores** y **probetas**.

### Observa y comprende Medimos la masa y el volumen

Las manzanas tienen la misma masa que las uvas.

Con las balanzas podemos comparar la masa de dos objetos. Si los dos platillos están igualados es que los dos objetos tienen la misma masa.

Ambos recipientes contienen un litro de agua.

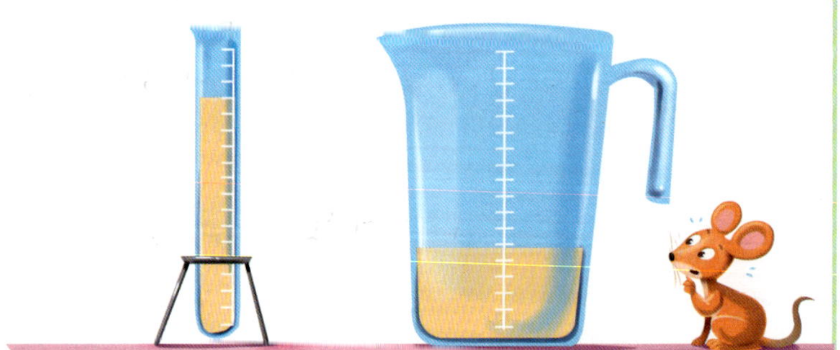

Según el volumen que queramos medir, utilizamos distintos recipientes. La forma de los recipientes puede hacer que su volumen parezca distinto, aunque sea el mismo.

## Otras propiedades de la materia

La materia tiene otras propiedades, llamadas **propiedades específicas**, que hacen que cada tipo de materia se emplee para unos usos y no para otros. Cuando utilizamos cualquier materia para fabricar objetos la llamamos **material**.

## Experimenta La densidad

La densidad es una propiedad de la materia que relaciona la masa de un cuerpo con su volumen. Que un cuerpo flote en el agua depende de su densidad. Si su densidad es menor que la del agua, flotará.

1. Estas pelotas tienen el mismo volumen, pero la de pimpón está rellena de aire y tiene poca masa, mientras que la de golf es maciza y su masa es mayor.
2. Observa qué ocurre cuando introducimos las pelotas en un vaso con agua.

**1** ¿Por qué la pelota de golf se hunde y la de pimpón no? Justifica tu respuesta.

- La **masa** y el **volumen** son las **propiedades generales** de la materia.
- Cada tipo de materia presenta unas **propiedades específicas** que la hacen diferente del resto.

### Actividades

**2** Escribe tres propiedades específicas de los materiales que forman una sartén.

# 2 Sustancias puras y mezclas

¿Sabes cómo se hace la mayonesa? Se mezcla un huevo, limón, aceite y sal, y se bate hasta obtener una crema riquísima que es una **mezcla** de sustancias.

A veces, la materia puede estar formada por una sola sustancia. Por ejemplo, la sal con la que hemos hecho la mayonesa. Decimos así que la sal es una **sustancia pura**.

## Tipos de mezclas

En la mayonesa no es posible distinguir los ingredientes con los que la hemos preparado. Sin embargo, podemos preparar otras mezclas, como una macedonia, en las que se ven perfectamente los componentes incorporados. Por eso, se distinguen dos tipos de mezclas:

- Las **mezclas homogéneas** son aquellas en las que no se distinguen las sustancias que las componen, como ocurre con el zumo de tomate.

  Las mezclas homogéneas formadas por dos líquidos, por un líquido y un sólido, o por un líquido y un gas se denominan **disoluciones**. Sus componentes se llaman **disolvente** y **soluto**. El disolvente es el elemento más abundante de la mezcla. Por ejemplo, en un batido de chocolate, el disolvente es la leche, y el chocolate, el soluto.

- Las **mezclas heterogéneas** son aquellas cuyos componentes se distinguen a simple vista debido a diferencias de color, densidad... Es el caso de la paella o la *pizza*.

smSaviadigital.com
PRACTICA Identificamos mezclas.

## Separamos las mezclas

A veces, se pueden realizar **disoluciones** como primer paso para separar los distintos componentes de una mezcla. Además de este, los principales métodos para separar mezclas son:

- La **filtración**, que sirve para separar mezclas heterogéneas formadas por un sólido y un líquido, como el agua con arena.
- La **destilación**, que separa mezclas homogéneas de líquidos.
- La **evaporación**, que separa mezclas homogéneas formadas por un sólido y un líquido, como el agua con sal.

Echamos la mezcla en un papel de filtro que dejará pasar el agua y retendrá la arena.

Calentamos la mezcla hasta que se evapore uno de los líquidos. Al enfriarse, se condensa y se recoge de forma líquida.

Calentamos la mezcla. Pasado el tiempo, el agua se ha evaporado y en el fondo queda la sal.

### Experimenta · Mezclas y densidad

Hay sustancias que no se pueden mezclar y se ordenan según su densidad. Las más densas se hunden y las menos densas quedan arriba. Este método de separación se llama **decantación**.

1. En un vaso añade un poco de miel, después agua y, finalmente, aceite.

2. Revuelve muy bien con una cucharilla y espera unos minutos.

**3** ¿Qué sustancia es menos densa que el agua? ¿Cuál no se puede mezclar con las otras?

- Las mezclas pueden ser **heterogéneas** u **homogéneas**.
- Para separar mezclas hay distintos métodos, como la **filtración**, la **destilación** y la **evaporación**.

### Actividades

**4** Clasifica estas mezclas.

sopa de fideos | vino

# 3 Los cambios en la materia

Quique y su abuelo encendieron la chimenea. Al día siguiente, la madera que usaron ¡había desaparecido! En su lugar solo quedaba ceniza. ¿Qué había pasado con los troncos?

La madera no había desaparecido, sino que se había transformado en otras sustancias: ceniza, humo y gases.

smSaviadigital.com
PRACTICA Reconoce los cambios en la materia.

## Cambios físicos

Los cambios tras los cuales la composición de la materia no varía se denominan **cambios físicos**.

Los cambios físicos se pueden producir:

- **Por cambios en la temperatura**, que dan lugar a **cambios de estado**. Así, la materia puede sufrir transformaciones entre los estados sólido, líquido y gaseoso, según reciba calor o se enfríe.
- **Por aplicación de fuerzas**, que pueden provocar **cambios** en su **movimiento** o en su **forma**.

## Cambios químicos

Algunas sustancias cambian y se transforman en otras. Estos cambios se llaman **reacciones químicas**. En ellas, unas sustancias, denominadas **reactivos**, se convierten en otras distintas, llamadas **productos**.

Existen diferentes tipos de cambios químicos:

- La **oxidación**, que se produce cuando una sustancia se combina con el **oxígeno** del aire y forma una **nueva sustancia**.
- La **combustión**, que es una oxidación muy rápida que ocurre cuando un material, como la madera, se combina con el oxígeno y arde. Los materiales que pueden arder se llaman **combustibles**.
- La **fermentación**, que ocurre en ausencia de oxígeno y gracias a la acción de algunos seres vivos. La fermentación más común la realizan las **levaduras**, aunque también hay otros seres vivos, como las **bacterias**, capaces de llevarla a cabo.

### Actividades

**5** Indica a qué tipo de cambio corresponde cada imagen.

- Los **cambios físicos** se pueden producir por **cambios en la temperatura** o por la **aplicación de fuerzas**.
- La **oxidación**, la **combustión** y la **fermentación** son tipos de **cambios químicos**.

# 4 Las máquinas

Imagina que no existieran las tijeras. ¿Podrías cortarte las uñas? ¡Y no vale decir que a mordiscos! Seguramente no podrías, a no ser que inventases una máquina que te ayudara.

Las **máquinas**, como las tijeras, son aparatos formados por distintos materiales que nos ayudan a realizar trabajos con menos esfuerzo y hacen nuestra vida más cómoda. Han ido modernizándose a lo largo del tiempo.

## Tipos de máquinas

Según el número de piezas que tengan, podemos clasificar las máquinas en dos grupos:

- **Máquinas simples**, que tienen una o muy pocas piezas, como una rueda y unas tijeras.
- **Máquinas compuestas**, que están formadas por muchas piezas, algunas de las cuales pueden ser máquinas simples. Una bicicleta o un televisor son máquinas compuestas.

## ¿Qué hace funcionar a las máquinas?

Para que una máquina funcione necesita **energía**. Según el tipo de energía que utilicen, las máquinas se clasifican en:

- **Máquinas manuales**, que son las que ponemos en funcionamiento con **nuestra energía**; como la bicicleta.
- **Máquinas eléctricas**, que son las que utilizan la **energía eléctrica**, como la batidora.
- **Máquinas térmicas**, que son las que usan la energía obtenida al quemar un **combustible**, como los coches.

### ¿Sabías que...?

**El buen uso de las máquinas es esencial**

Para que no se deteriore el medioambiente, conviene usar aparatos que consuman poca energía y que no liberen sustancias tóxicas.

Además, para evitar accidentes, hay que manejarlas correctamente siguiendo los consejos de seguridad que aparecen en las instrucciones de uso.

Máquinas manuales

Máquinas eléctricas

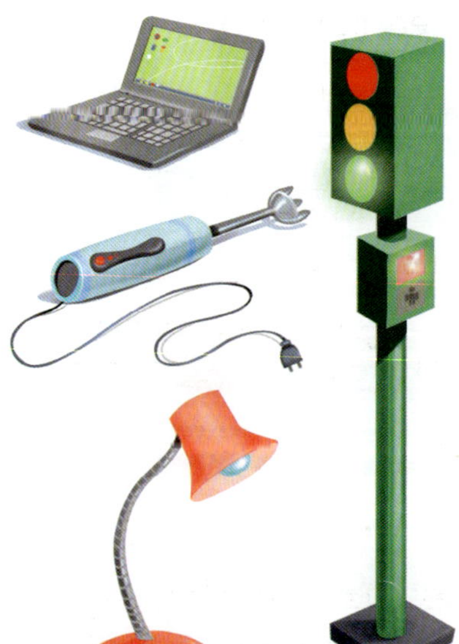

Máquinas térmicas

## Los componentes de las máquinas compuestas

Las piezas que forman las máquinas compuestas se llaman **componentes** u **operadores**. A veces, esos componentes son máquinas simples.

### Actividades

6 Clasifica las máquinas.

a 

b 

## Las máquinas simples

### La palanca

Consiste en una **barra rígida** que se mueve apoyada sobre un punto, llamado **punto de apoyo**. En uno de los extremos está el peso o **carga**, y en el otro extremo se aplica la **fuerza** para mover dicha carga.

La palanca se usa para mover objetos que pesan mucho o que están encajados en algún lugar.

### La rueda

Es un disco que gira alrededor de un **eje** central. Es mucho más fácil desplazar algo pesado sobre unas ruedas que arrastrarlo por el suelo.

Los **engranajes** son un tipo de ruedas con dientes que encajan entre sí y giran a la vez.

### La polea

Es una rueda con un surco o **canal** por donde se desliza una **cuerda**. En un extremo de la cuerda se pone una carga y desde el otro extremo se tira.

Es una máquina muy útil porque permite levantar peso más cómodamente que si se hiciese a pulso.

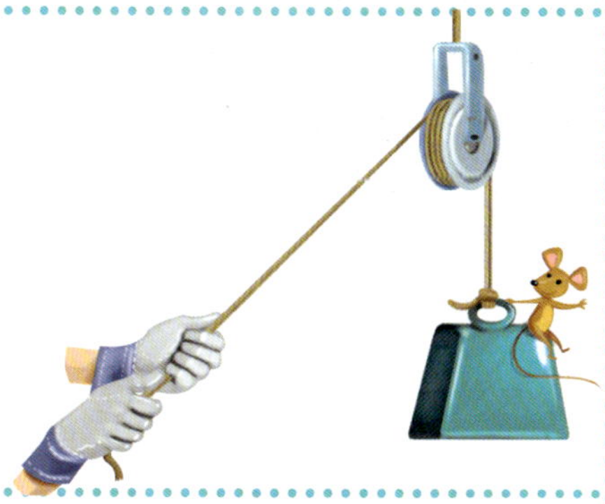

### El plano inclinado

Es una **rampa** que se usa para subir o bajar cuerpos, deslizándolos sobre el suelo. Cuanta menos pendiente tenga la rampa, más fácil será subir el objeto, aunque habrá que recorrer más distancia.

Las máquinas pueden ser **simples** o **compuestas**, según su número de piezas, y **manuales**, **eléctricas** o **térmicas**, según la energía que utilicen para funcionar.

# 5 La palanca

Fíjate en este romano. Aunque en su época no existían las mismas máquinas que ahora, observa de qué manera más sencilla quita la piedra del camino para poder pasar.

Con un palo apoyado en una pequeña piedra, ha montado una **palanca** que transmite y aumenta su fuerza para mover fácilmente la piedra grande. ¿Se te habría ocurrido a ti?

## Partes de la palanca

Los elementos que se pueden distinguir en una palanca son:

## Tipos de palancas

Según dónde se sitúen el punto de apoyo, la carga y la fuerza, es posible distinguir tres tipos de palancas: de **primer género**, de **segundo género** y **de tercer género**.

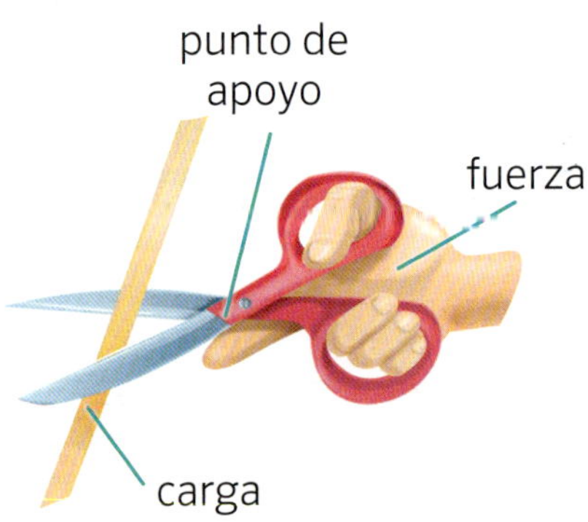

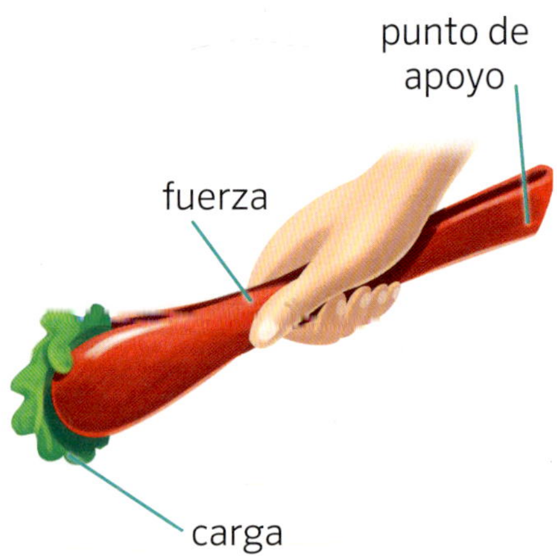


### De primer género

El punto de apoyo se sitúa entre la carga y la fuerza, como lo que ocurre por ejemplo en las tijeras o en los alicates.

### De segundo género

El punto de apoyo está en un extremo, la fuerza en el otro extremo y, en medio, la carga. El exprimidor es un ejemplo.

### De tercer género

El punto de apoyo está en un extremo, la carga en el otro y, en medio, la fuerza, como en las pinzas. Con este tipo se consigue precisión.

## Observa y comprende · Tipos de palancas

| Palanca de primer género | Palanca de segundo género | Palanca de tercer género |
|---|---|---|
|  | 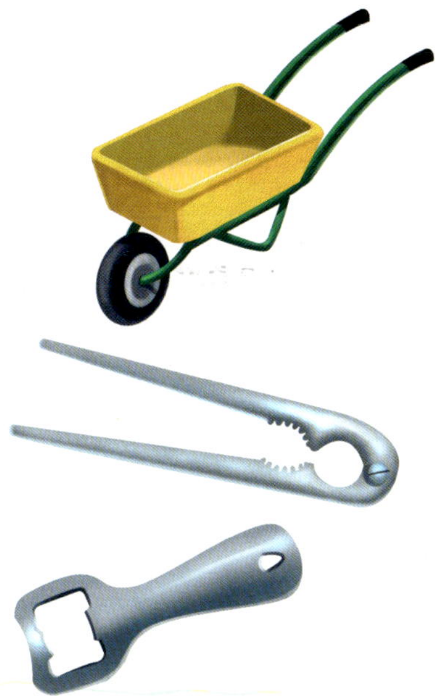 |  |

- La **palanca** es un tipo de **máquina simple** que sirve para transmitir fuerzas.
- Hay tres tipos de palancas según dónde se sitúen sus elementos: las de **primer género**, las de **segundo género** y las de **tercer género**.

sm**Savia**digital.com
JUEGA Y APRENDE Palancas en tu vida.

## Actividades

**7** Observa bien las siguientes imágenes. ¿En qué posición resultará más fácil levantar el libro? Justifica tu respuesta.

a
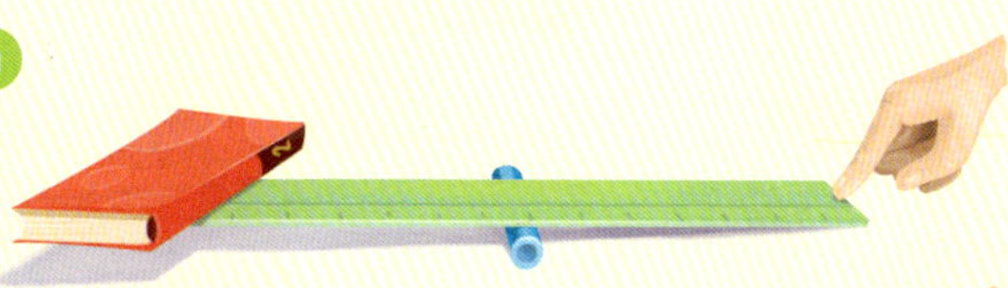

b

c

**8** ¿Qué tipo de palanca es la pala? Copia el dibujo y señala sus partes.

**9** Indica qué tipo de palanca es el martillo en cada caso. Justifícalo.

a

b

# Así se construye la ciencia

## Construimos una máquina y su estructura

**PASO 1** **Hacemos la base de la grúa.** Para ello, recortamos con ayuda de un adulto un agujero del grosor del tubo de cartón, cerca del borde. Después, pegamos el envase a la tabla y lo llenamos de arena.

**PASO 2** **Construimos el brazo de la grúa.** Clavamos los carretes al tubo usando los clavos. Uno en un extremo, y el otro a 12 cm. Ponemos un trozo de corcho en las puntas del clavo que sobresalen.

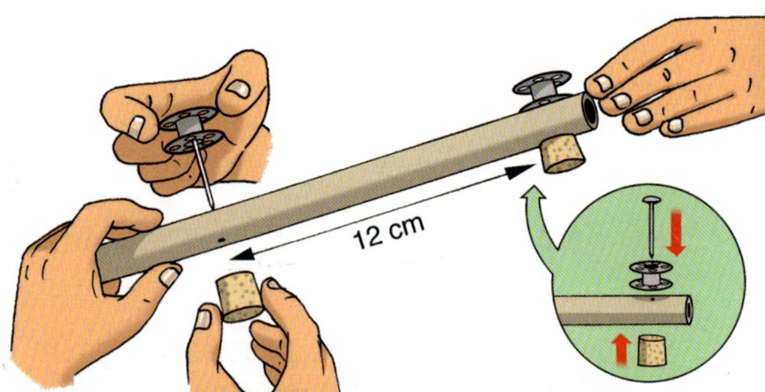


**PASO 3** **Enganchamos las partes.** Metemos el tubo por el agujero del envase. **Hacemos una manivela.** Introducimos el palito en uno de los orificios del carrete inferior y lo sujetamos con plastilina.

**PASO 4** **Hacemos pasar el hilo del carrete inferior** sobre el carrete superior. Atamos un clip al extremo que hará de gancho. Y ya tenemos lista la grúa.

### Razono

1 ¿Qué tipo de máquina crees que es la grúa? Razona tu respuesta.

### Pongo en práctica

2 Construye tu propia grúa. ¿Qué ocurrirá si el hilo solo pasa por el carrete inferior?

# Organiza tus ideas

**La materia**

- tiene → **Propiedades** que pueden ser → Generales → Específicas
- puede ser → **Sustancia pura** → Mezclas
- experimenta → **Cambios** que pueden ser → Físicos → Químicos
- forma → **Materiales** se usan en **Máquinas** se clasifican según el número de piezas en → Simples → Compuestas

## Trabaja con el esquema

1. Copia el esquema y añade el nombre de las propiedades generales y las propiedades específicas de la materia.

2. Copia y completa el texto. Después añade las palabras en tu esquema.

> Existen dos tipos de mezclas: las ●●●, en las que se distinguen las sustancias que lo forman, y las ●●●, en las que no se distinguen. Las mezclas se pueden separar por distintos métodos: ●●●, ●●● y ●●●.

3. Coloca las siguientes imágenes en tu esquema, según se trate de un cambio físico o químico.

a b c

4. Añade en tu esquema la clasificación de las máquinas según el tipo de energía que usan. Y coloca cada una de estas máquinas en el lugar que les corresponda.

avión | televisión | monopatín

5. ¿Cuáles de estas imágenes elegirías para ilustrar las máquinas simples?

a b c d

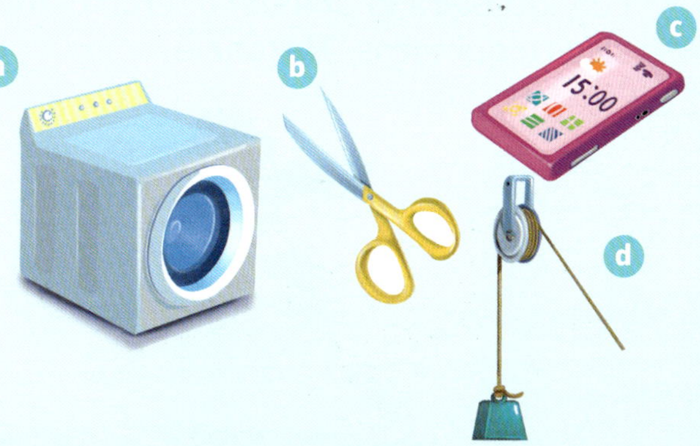



6. Fíjate en la máquina del esquema: ¿es simple o compuesta? Indica los componentes que la forman.

# Repasa la unidad

1. Escribe el nombre de algún material que sirva para cada uno de estos usos y escribe qué propiedad le permite cumplir esa función.
   a) No quemarnos al coger algo caliente.
   b) Doblarlo sin que se rompa.
   c) Sentarnos sobre él sin que se rompa.

2. ¿Cómo puede separar Laura los componentes de esta mezcla? ¿Es una mezcla homogénea o heterogénea?

3. Según su procedencia existen dos tipos de materiales: los naturales, que se encuentran en la naturaleza, y los artificiales, que son elaborados por el ser humano. Clasifica estos elementos según sean materiales naturales o artificiales.

arcilla - arena - piedra - papel - cuero - plástico - seda - madera - lana

4. ¿Qué cambios se producirán en el balón cuando Clara lo golpee? ¿Serán cambios físicos o químicos? Razónalo.

5. Selecciona la función que crees que tenía esta antigua máquina.

   A. Producir electricidad mediante la energía del viento.
   B. Moler trigo para obtener harina.
   C. Alojar personas.

6. Las siguientes máquinas se han utilizado como medios de comunicación. Ordénalas desde la más antigua a la más moderna.

a

b

c

d

7. Copia esta máquina y señala sus partes. ¿En qué posición moverá Alejandro la caja más fácilmente? Justifica la respuesta.

a

b

smSaviadigital.com

**VALORA LO APRENDIDO** Comprueba lo que sabes en la **autoevaluación**.

# Ponte a prueba

## ¿Cómo averiguamos el volumen de un cuerpo?

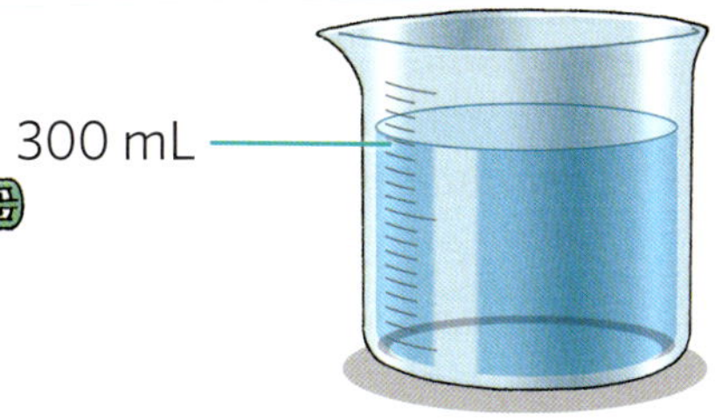


Primero, echo agua en el vaso medidor hasta que marque 300 mL.

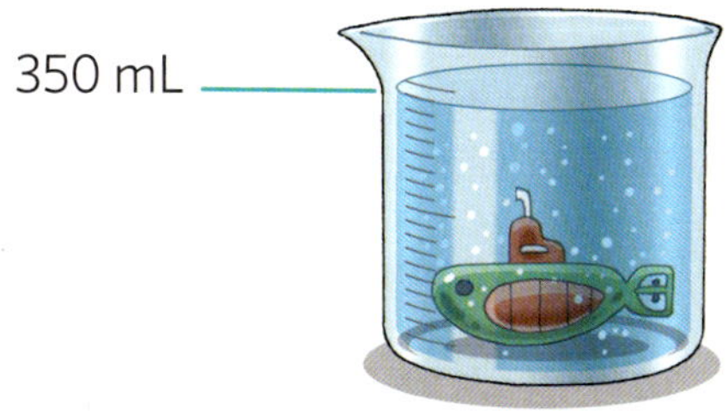


Después, meto el submarino en el recipiente y observo hasta dónde asciende el agua.

1. El volumen del objeto es la diferencia entre el volumen inicial y el final. ¿Cuál es el volumen del submarino?
2. ¿Podemos utilizar este método para medir el volumen de un juguete que absorbe el agua? Razona tu respuesta.

## Tarea final **Secretos evaporados**

Has aprendido en la unidad cómo separar una mezcla. Aprovecha estos conocimientos para escribir mensajes secretos.

PASO 1 En un recipiente, mezclad dos cucharadas de sal con dos de agua. Removed hasta que la sal se disuelva por completo.

PASO 2 Mojad un pincel en esta mezcla y escribid cada uno un mensaje secreto. Esperad a que se evapore el agua y veréis que desaparece el mensaje.

PASO 3 Frotad despacio con un lápiz de punta blanda las partes escritas. El mensaje aparecerá gracias al relieve de la sal que ha quedado en el papel tras evaporarse el agua.

PASO 4 Escribid el mensaje secreto e indicad qué tipo de mezcla es la tinta secreta y qué método de separación habéis empleado.

smSaviadigital.com

VALORA LO APRENDIDO **¿Cómo has trabajado** en esta tarea?

## Inventos espaciales... ¡y especiales!

La NASA, la agencia que se ocupa de buscar las mejores soluciones para la vida de los astronautas en el espacio, nunca se habría imaginado lo útiles que resultarían inventos como estos.

### ... los pañales desechables

El material absorbente que tienen los pañales de los bebés en realidad se inventó para que los astronautas pudieran hacer sus necesidades. ¡Es que en el espacio no hay baños!

Al contacto con el líquido, este material se transforma en una especie de gelatina y evita que el culito de los bebés se irrite con la orina.

### y la suela de las deportivas

Las zapatillas que usan los corredores son de un material especial que ideó la NASA. Este material se usa en los asientos donde los astronautas tenían que pasar tanto tiempo. Con ello evitaban que les doliera el trasero.

Y es que este material transmite una sensación parecida a la de caminar por la Luna, por eso se llama "espuma lunar".

¿Qué son los materiales?

## Una fuerza a veces fastidiosa

Entre los cambios que experimenta tu cuerpo, seguro que el de la caída al suelo es de los que menos gracia te hace. ¿Y por qué no podemos quedarnos suspendidos en el aire como los astronautas en el espacio?

La causa de nuestras dolorosas caídas es la atracción que ejerce en nosotros una fuerza llamada gravedad, que tira de nosotros hacia abajo y mantiene nuestros pies pegados al suelo.

La caída al suelo por la gravedad, ¿provoca un cambio físico o químico?

## Una gran científica, Hipatia de Alejandría

Fue una mujer increíble que vivió hace más de 1.600 años y es considerada por muchos la primera mujer científica de la historia.

Se dedicó a la filosofía, las matemáticas, la astronomía, la música y era genial en todos esos campos.

Se conocen varios inventos suyos. Uno de ellos, un astrolabio plano, que sirve para medir la posición de las estrellas, los planetas y el Sol. También inventó el aerómetro, que se usa para medir las propiedades físicas del aire u otros gases.

Desgraciadamente, fue asesinada por mantenerse fiel a sus ideas.

¿Crees que las máquinas que inventó podían ser eléctricas?

## Puntos limpios para un planeta sucio

¿Has ido alguna vez a algún punto limpio de tu pueblo o de tu ciudad? No creas que es un lugar que están fregando todo el día.

Es un recinto lleno de contenedores de todo tipo. Unos recogen materiales tóxicos que pueden envenenar el agua y el suelo, como pinturas, productos de limpieza, aceites, pilas... En otros se dejan viejas máquinas de las que se podrán aprovechar algunos elementos para fabricar otras nuevas.

Es fundamental eliminar correctamente los objetos usados, pero tenemos que intentar fabricar menos materiales para no contaminar tanto el ambiente y analizar bien el posible peligro de los nuevos materiales.

Existen contenedores de distintos colores. ¿En cuál debes tirar las latas de refresco?

# 6 La energía

## La energía de los mil disfraces

Allá en lo alto de las nubes llenas de agua y de cristalitos de hielo, algo ocurre… De repente, aparece ¡el rayo! cargado con una energía capaz de traspasar el árbol y abrirlo en canal. Capaz de iluminar como un potente foco y de hacer vibrar el aire provocando un tremendo rugido.

¡Es la electricidad! Una energía que adopta múltiples disfraces. Puede ponerse el disfraz luminoso cuando vemos un relámpago o cuando presionamos el interruptor de nuestro cuarto; el disfraz calorífico cuando encendemos la estufa, o el disfraz sonoro con el trueno o en un altavoz.

Energía útil, pero también peligrosa. ¡Que se lo digan al pobre árbol!

## Hablamos

1. Según el texto, ¿qué disfraces puede adoptar la electricidad?

2. Relaciona en tu cuaderno estas columnas:

| | |
|---|---|
| energía eléctrica • | • trueno |
| energía luminosa • | • rayo |
| energía sonora • | • relámpago |

3. Observa la imagen. ¿A qué forma de energía tiene miedo cada uno de los animales? Razona tu respuesta.

## ¡Qué importante es... el consumo responsable!

Obtener energía requiere tiempo y esfuerzo. Además, se trata de un recurso escaso. Por todo ello, es importante no malgastarla y usarla adecuadamente.

### Tarea final

Al final de la unidad, conocerás a Supergía y verás qué hacer para no malgastar la energía del planeta.

# 1 Formas y fuentes de energía

¡Menuda faena! Mario ha roto sin querer el cristal de la ventana con la pelota.

Aunque no podemos ver la energía de la pelota cuando se mueve veloz, sí vemos los cambios que provoca en los cuerpos. En este caso, el cristal de la ventana hecho pedazos por el impacto de la pelota.

smSaviadigital.com
PRACTICA Identifica las formas de la energía.

## Las formas de la energía

La energía provoca cambios y se puede presentar de muchas formas. Por ejemplo, la pelota que lanzó Mario presentaba energía del movimiento o cinética.

Las formas de la energía son: la **energía sonora**, la **energía luminosa**, la **energía calorífica**, la **energía eléctrica**, la **energía cinética** y **la energía química**.

## Las fuentes de energía

En nuestra vida diaria usamos muchas fuentes de energía, como el sol, la gasolina o el gas... A partir de ellas podemos obtener energía.

Las fuentes de energía pueden ser: **renovables** o **no renovables**.

Las **fuentes de energía renovables** son aquellas que no se agotan con el uso porque se están formando continuamente. Por ejemplo, el **sol**, el **viento** y el **agua en movimiento**.

Las **fuentes de energía no renovables** son aquellas que pueden llegar a agotarse, porque las consumimos más deprisa de lo que pueden generarse. Las más importantes son los **combustibles fósiles**. Se forman a partir de restos de seres vivos que quedaron enterrados hace muchísimos años. Son el **carbón**, el **gas natural** y el **petróleo**.

### Actividades

1. ¿Qué tipo de energía posee una manzana? ¿Y una bombilla que luce? ¿Y un volcán?
2. Indica si estas fuentes de energía son renovables o no.

carbón | viento | sol | petróleo

### Las fuentes de energía

**Renovables**

El **sol** proporciona **energía solar**. Los **paneles solares** la transforman en calor o en electricidad.

El **viento** proporciona **energía eólica**. Los **aerogeneradores** la transforman en electricidad.

**El agua en movimiento** posee **energía hidráulica**. Al caer, se transforma en electricidad dentro de las **centrales hidroeléctricas**.

**No renovables**

El **carbón** se extrae de minas y lo quemamos para producir energía calorífica y eléctrica.

El **gas** se extrae perforando el suelo. Lo utilizamos, sobre todo, para la calefacción.

El **petróleo** se extrae excavando pozos en la tierra. Lo usamos para obtener gasolina y plásticos.

- La **energía** provoca cambios y se muestra de distintas formas: **energía calorífica**, **energía luminosa**, **energía química**, **energía eléctrica**, **energía cinética** y **energía sonora**.
- La energía proviene de fuentes **renovables** o no **renovables**.

# 2 El calor

Carlos se ha metido en el bolsillo del pantalón una chocolatina. Después de un rato la coge para comérsela, pero solo saca una plasta blanda y pringosa. ¡Vaya fastidio! El calor ha sido el culpable de este desastre.

## La temperatura y el calor

Los cuerpos no contienen ni calor ni frío. Sin embargo, todos los cuerpos presentan **temperatura**, una propiedad que se mide con el **termómetro**.

Cuando decimos que algo está caliente o que está frío, en realidad lo que queremos decir es que su temperatura es alta o baja.

## ¿Qué es el calor?

El **calor** es el paso de la energía de un cuerpo a otro más frío, es decir, a otro que presenta menos temperatura.

El cuerpo que está más caliente le da al cuerpo frío parte de su energía hasta que los dos acaban teniendo la misma temperatura. Se dice entonces que han llegado al **equilibrio térmico**.

**¿Sabías que...?**

**La ropa de abrigo no nos calienta**

La ropa de abrigo está fabricada por materiales que impiden que la energía de nuestro cuerpo escape al ambiente.

Así que no nos calienta, sino que impide que perdamos calor.

**Observa y comprende** **El equilibrio térmico**

Fíjate en los pasos que se suceden para que la sopa de Silvia se enfríe.

Silvia va a comer su sopa, pero está muy caliente. Su madre le dice que espere a que se enfríe.

La sopa, que está más caliente, le da parte de su energía al aire, que está más frío.

Si Silvia la deja mucho rato a enfriar, la sopa y el aire tendrán la misma temperatura.

## Efectos del calor en los cuerpos

Cuando un cuerpo recibe energía en forma de calor, pueden suceder tres fenómenos:

- Producirse un **cambio de temperatura**. Cuando los cuerpos calientes se enfrían o cuando los cuerpos fríos se calientan, se produce un cambio de temperatura que puede medirse con un termómetro.
- Producirse un **cambio de volumen**. Si un cuerpo se calienta, aumenta su volumen. Este aumento de volumen recibe el nombre de **dilatación**. Si un cuerpo se enfría, reduce su volumen. Esta disminución de volumen se llama **contracción**.
- Producirse un **cambio de estado**. Cuando calentamos la materia, se puede producir la **fusión**, que es el paso de sólido a líquido, y la **vaporización**, que es el paso de líquido a gas.

  Si enfriamos la materia, se puede producir la **condensación**, que es el paso de gas a líquido, y la **solidificación**, que es el paso de líquido a sólido.

Al mezclarlos en la taza, baja la temperatura del chocolate caliente y aumenta la temperatura de la leche fría.

Si dejamos al sol un globo inflado, al cabo de un tiempo explota, ya que el aire de su interior se ha dilatado debido al calor.

El calor de la llama encendida hace que la cera de la vela pase de estado sólido a estado líquido.

El calor puede provocar en los cuerpos **cambios de temperatura**, **cambios de volumen** y **cambios de estado**.

### Actividades

**3** ¿Por qué se deja una separación entre los raíles del tren?

**A.** Por la dilatación.

**B.** Por la contracción.

**C.** Por la fusión.

# 3 La luz

¿Serías capaz de ir a la cocina de tu casa sin darte un golpe con las paredes? ¡A que es muy difícil!

Podemos ver el mundo que nos rodea gracias a su interacción con la luz, una forma de energía que ilumina nuestro planeta. Nuestra principal fuente de energía luminosa es el sol, pero hay más. ¡Vamos a verlas!

## Fuentes luminosas

Las **fuentes luminosas naturales** se encuentran en la naturaleza y emiten luz propia, como el sol o los relámpagos. Las **fuentes luminosas artificiales** han sido fabricadas por las personas, como la bombilla de una lámpara, en la que se transforma la energía eléctrica en luz.

La luz que emite una fuente luminosa se **propaga**, es decir, se mueve de un lugar a otro hasta que llega a un cuerpo.

Las características de la propagación de la luz son:

- **Viaja a gran velocidad.** Un rayo de luz puede dar siete vueltas a la Tierra ¡en solo un segundo!
- **Se mueve en línea recta.** Por eso la luz deja de verse cuando un cuerpo se interpone en su recorrido.
- **Se propaga en todas las direcciones** atravesando los **medios transparentes y translúcidos**, como el agua o el vidrio, aunque puede variar su velocidad al hacerlo.

## Los cuerpos y la luz

Según cómo se comporten los cuerpos ante la luz, podemos clasificarlos en:

- Cuerpos **transparentes**, como el vidrio, que dejan pasar la luz.
- Cuerpos **opacos**, como un libro, que bloquean el paso de la luz.
- Cuerpos **translúcidos**, como algunos plásticos, que dejan pasar la luz pero la desvían, de modo que la imagen que vemos a través de ellos es borrosa.

## Actividades

4. ¿Por qué podemos ver nuestra imagen en un espejo?

5. ¿Por qué decimos que la luz blanca es mezcla de siete colores? ¿Cuáles son estos colores?

## Propiedades de la luz

Existen algunas propiedades comunes a todos los tipos de luz. Son la **reflexión** y la **refracción**.

- La **reflexión de la luz** es el cambio de dirección que experimenta la luz cuando choca con un cuerpo. La reflexión hace posible que veamos los objetos que no tienen luz propia.
- Los **espejos** son cuerpos opacos cuya superficie, lisa y pulimentada, refleja la luz y es capaz de formar una imagen. Dependiendo de cómo sea la imagen que reflejan, los espejos pueden ser **planos**, **cóncavos** o **convexos**.

- La **refracción de la luz** es el cambio de dirección que sufre la luz cuando pasa de un medio a otro.

  El arcoíris que observamos cuando la luz atraviesa una gota de lluvia es también consecuencia de la refracción. Al refractarse varias veces, la luz blanca se **descompone**, es decir, se separa en los colores que la componen: rojo, naranja, amarillo, verde, azul, añil y violeta.

- Las **fuentes luminosas** pueden ser **naturales** o **artificiales**.
- La **reflexión** permite ver los objetos que no emiten luz.
- La **refracción** se produce cuando la luz pasa de un medio a otro distinto.

# 4 El sonido

Ponte las manos en la garganta y habla. ¿Notas cómo tiembla? Estas vibraciones se producen al pasar el aire por la garganta, debido al movimiento de unos pliegues, llamados cuerdas vocales, y constituyen el sonido de nuestra voz.

El **sonido** es una forma de energía que se produce por la vibración de los cuerpos y que percibimos gracias al sentido del oído.

## La propagación del sonido

Los indios pegaban la oreja al suelo. ¿Por qué hacían eso?

Te sorprenderá saber lo intensos que se escuchan los sonidos en el suelo.

El sonido se propaga de un lugar a otro a través de un **medio natural**, como el aire y la tierra. Cuanta más materia tenga el medio para vibrar, más rápidamente se transmitirá el sonido. Así, en el aire, el sonido viaja mucho más despacio que en la tierra.

Al igual que la luz, el sonido se propaga **en línea recta** y en **todas las direcciones**. Sin embargo, viaja mucho más lentamente que la luz.

### ¿Sabías que...?

**La luz es mucho más rápida que el sonido**

En el aire el sonido viaja a 340 metros por segundo, mientras que la luz lo hace a 300.000 kilómetros por segundo. ¡Es mil veces más rápida!

### Experimenta ¡Mira el sonido!

1. Cubre un vaso con un papel de aluminio.

2. Extiende un poco de sal o de azúcar.

3. Coge una cazuela y golpea su base con un cucharón, cerca del vaso con la sal.

**6** ¿Qué mueve el papel de aluminio y la sal? Justifica tu respuesta.

## Cualidades del sonido

Seguro que te resulta muy fácil distinguir la voz de tu madre o la voz de un amigo. Eso es porque los sonidos tienen unas cualidades que permiten que los diferenciemos.

Las cualidades del sonido son: la **intensidad**, el **tono** y el **timbre**.

La **intensidad** permite diferenciar entre sonidos **fuertes**, como el de un motor, y sonidos **débiles**, como el piar de un pájaro.

El **tono** puede ser **agudo**, como el sonido de un violín, o puede ser **grave**, como el sonido de un contrabajo.

El **timbre** permite diferenciar sonidos del mismo tono e intensidad, según el cuerpo que los emite.

## Contaminación acústica

No todos los sonidos resultan agradables al oído. El **ruido** lo forman aquellos sonidos que nos desagradan por ser muy fuertes o muy agudos, o bien cuando se mezclan muchos sonidos a la vez. El exceso de ruido es una forma de contaminación, llamada **contaminación acústica**.

Soportar ruidos continuamente puede perjudicar nuestra salud. El ruido es capaz de provocar daños en nuestros oídos o trastornos nerviosos como angustia, malhumor e insomnio.

Podemos disminuir la contaminación acústica si reducimos el tráfico, escuchamos música a una intensidad adecuada, evitamos los gritos y el ruido innecesario.

- El **sonido** se propaga en **línea recta**, **en todas direcciones** y siempre en un **medio natural**.
- Las características del sonido son: la **intensidad**, el **tono** y el **timbre**.

sm**Savia**digital.com

JUEGA Y APRENDE Juega con el sonido.

### Actividades

7 ¿Por qué en días de tormenta percibimos antes el rayo que el trueno, si ambos se producen a la vez?

# 5 La electricidad

Frota un bolígrafo de plástico en una prenda de lana y acércalo a tu brazo. ¿Ves cómo se levantan los pelillos?

Es la manifestación de la **electricidad estática**, un conjunto de fenómenos relacionados con una propiedad de la materia, llamada **carga eléctrica**, que provoca fuerzas de atracción o de repulsión entre algunos cuerpos.

## Cargas eléctricas

Normalmente, los cuerpos son neutros porque tienen sus cargas equilibradas, es decir, tienen igual carga positiva que negativa. Pero al frotarlos, adquirirán más **carga positiva** o más **carga negativa**.

Si acercamos dos cuerpos con distinta carga, se atraerán. En cambio, si los cuerpos tienen la misma carga, se repelerán.

Este tipo de electricidad que hace que algunos cuerpos se atraigan o repelan se llama **electricidad estática**.

## La corriente eléctrica y los circuitos eléctricos

Cuando las cargas eléctricas entran en movimiento, se forma una corriente eléctrica. Para que la corriente circule, es necesario un **circuito eléctrico** formado por distintos componentes.

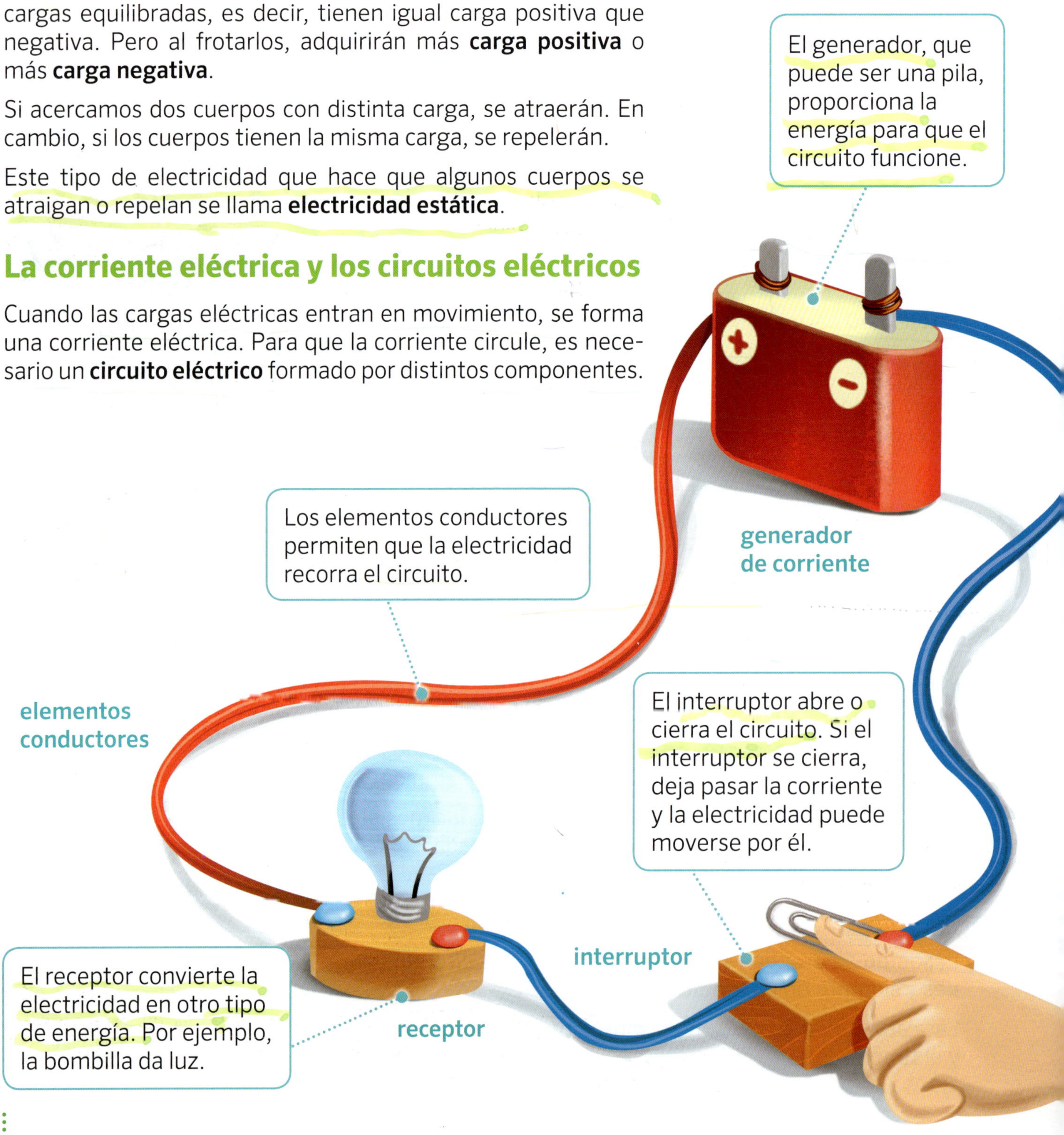

## Los efectos de la electricidad

La energía eléctrica se puede transformar en otras formas de energía para proporcionarnos luz, calor, sonido, movimiento... Esto sucede gracias a los aparatos eléctricos, que hacen muy cómoda nuestra vida diaria.

Las formas de energía en las que se puede transformar la electricidad son: la **energía luminosa**, la **energía calorífica**, la **energía cinética** y la **energía sonora**.

- La **corriente eléctrica** se debe al movimiento de **cargas eléctricas** por un circuito.
- Los **circuitos eléctricos** están formados por un **generador de corriente**, los **elementos conductores**, un **receptor** y un **interruptor**.

sm**Savia**digital.com
PRACTICA Descubre los efectos de la electricidad.

### Actividades

8. ¿Qué ocurre si se acercan dos cuerpos con igual carga eléctrica?

9. Cita tres usos que puede tener la corriente eléctrica.

# Así se construye la ciencia

## Construimos un periscopio

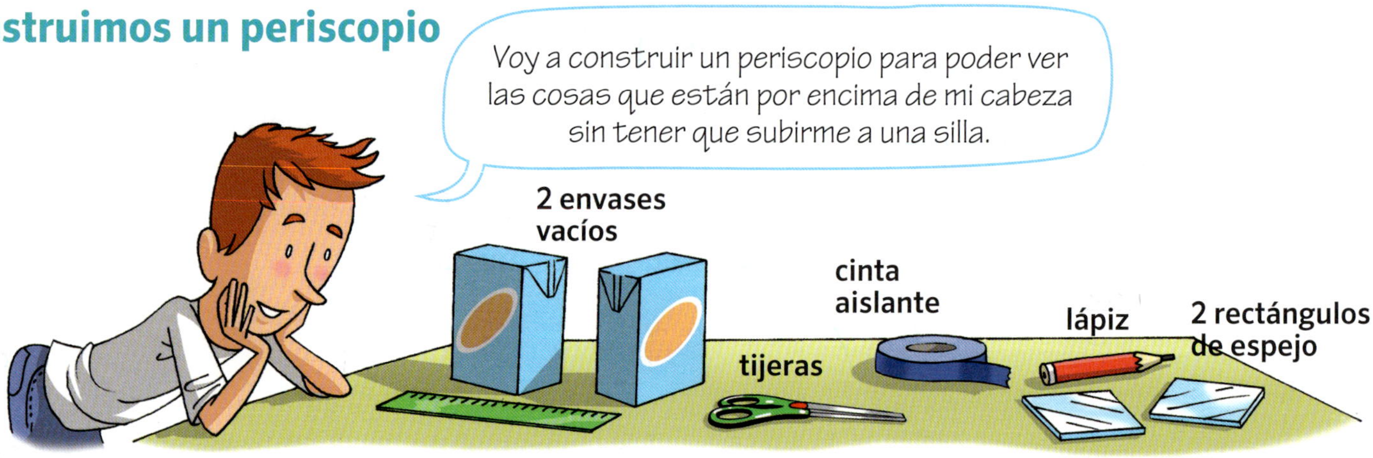


PASO 1 **Cortamos los envases.** Quitamos la parte superior de ambos. En una de las caras y en la base de cada envase, dibujamos un recuadro de 12 cm x 10 cm y lo recortamos.

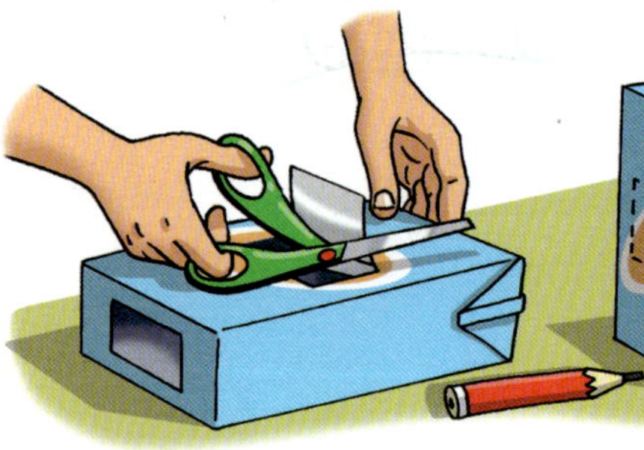

PASO 2 **Añadimos los espejos.** En el otro lateral de los envases, dibujamos una línea con la misma inclinación que la del dibujo. Recortamos por esa línea e insertamos los espejos.

PASO 3 **Construimos el periscopio.** Cortamos la base de uno de los envases, metemos una caja dentro de otra y las unimos con cinta aislante.

### Razono

1. ¿En qué fenómeno luminoso se basa el periscopio? Razona tu respuesta.

### Pongo en práctica

2. Construye tu periscopio. ¿Funcionaría si usáramos cartones en vez de espejos?

# Organiza tus ideas

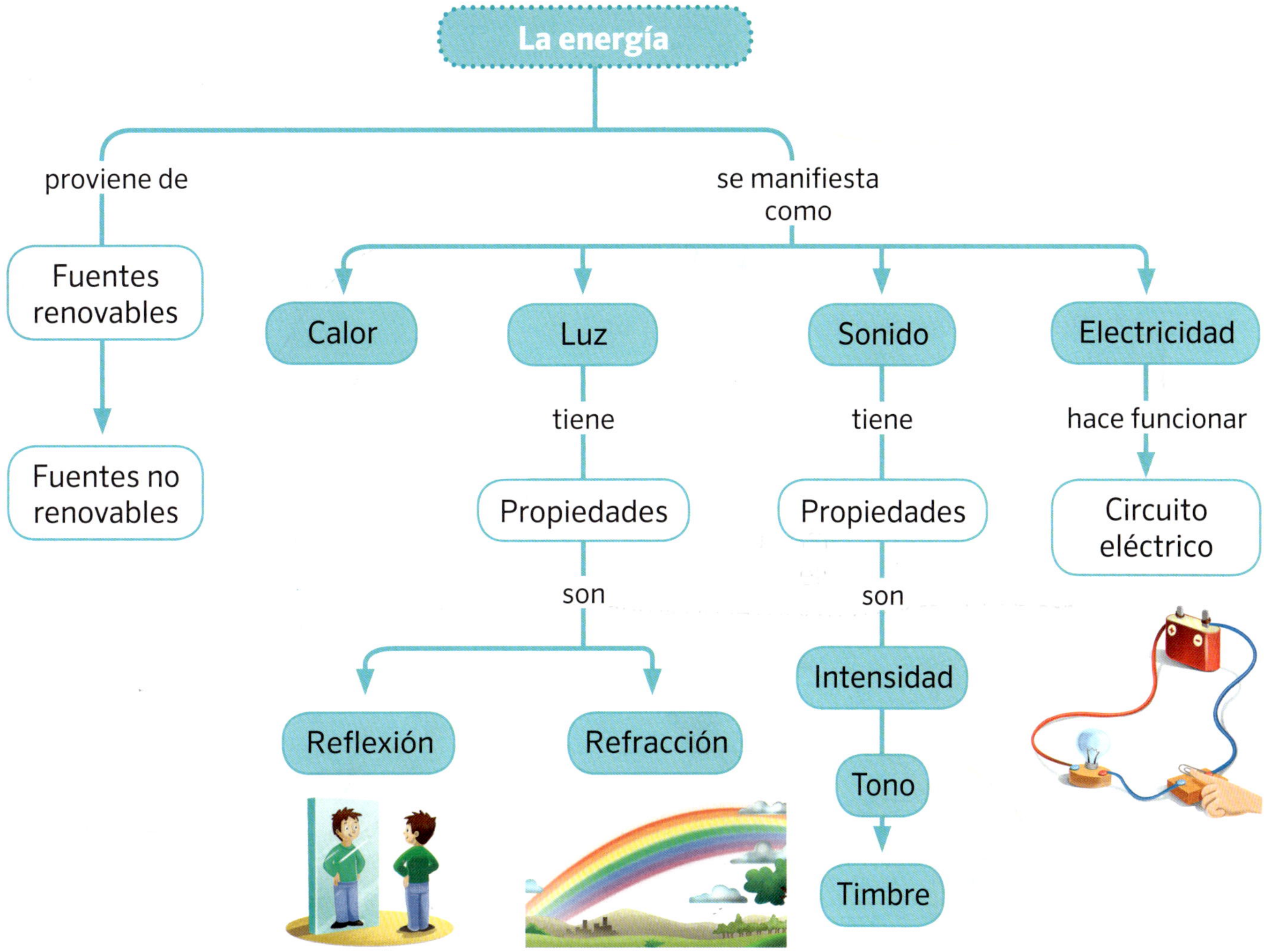


## Trabaja con el esquema

**1** Coloca estas imágenes en tu esquema, según se trate de una fuente de energía renovable o no renovable.

a  b  c 

**2** Copia el esquema y añade los tipos de cambios que produce el calor.

**3** Copia y completa el texto. Después añade las palabras en tu esquema.

> Los cuerpos que emiten luz son ●●●. Se dividen en ●●●, si se hallan en la naturaleza, y en ●●●, si han sido fabricados.

**4** ¿En qué parte del esquema colocarías las siguientes palabras?

agudo | equilibrio térmico | petróleo | espejo | generador | dilatación

**5** Añade a tu esquema tres medidas que eviten la contaminación acústica.

**6** Copia el circuito eléctrico del esquema e indica los elementos que lo componen.

**7** Añade a tu esquema las formas de energía en las que se puede transformar la electricidad mediante aparatos eléctricos.

# Repasa la unidad

1 Relaciona en tu cuaderno cada tipo de energía con el aparato que la aprovecha.

| | |
|---|---|
| energía solar • | • aerogenerador |
| energía eólica • | • placa solar |
| energía hidráulica • | • central hidroeléctrica |

2 ¿Cómo afecta a los seres vivos la producción y el uso de la energía por los seres humanos? ¿Qué puedes hacer tú para realizar un uso adecuado de la energía?

3 Fíjate en la conversación de Rubén y Eva. ¿Qué le responderías a Rubén?

4 La temperatura de la silla es de 20 °C, y la de Andrés, de 36 °C. Cuando el niño se siente, ¿cómo se moverá el calor, de la silla a Andrés o de Andrés a la silla? Justifica tu respuesta.

5 Observa las sombras. Indica en tu cuaderno si la fuente luminosa está a la izquierda o a la derecha de cada imagen.

6 Las ambulancias ponen el rótulo de esta manera para que podamos leerlo a través del espejo interior de los coches. ¿Qué propiedad de la luz se utiliza en este caso?

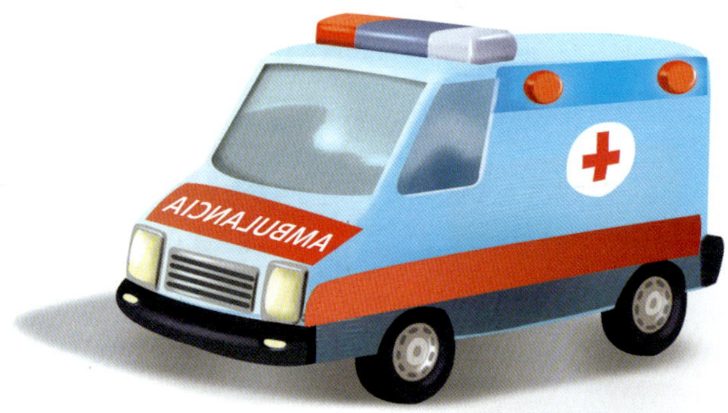

7 ¿Qué cualidades describen el sonido del vuelo de un mosquito?

A. De intensidad fuerte y tono agudo.

B. De intensidad débil y tono agudo.

C. De intensidad débil y tono grave.

8 ¿En qué circuito lucirá la bombilla? ¿Por qué?

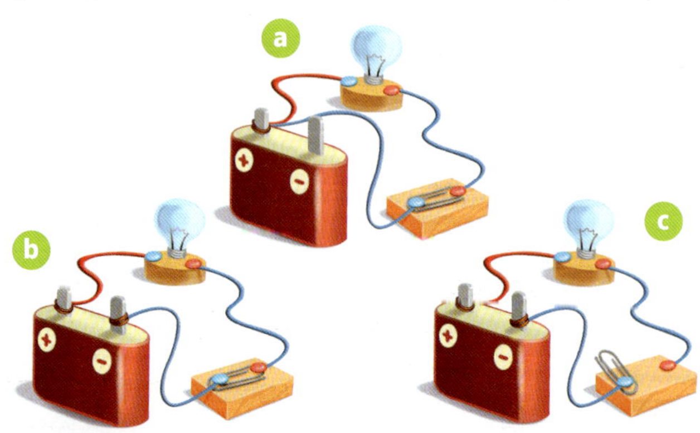


smSaviadigital.com

**VALORA LO APRENDIDO** Comprueba lo que sabes en la **autoevaluación**.

# Ponte a prueba

## ¿Un truco de magia?

**1** ¿Crees que Carla tiene razón y que no es magia? Explica tu respuesta.

**2** ¿Qué energía está produciendo estos cambios? ¿En qué consiste?

## Tarea final **Héroes de la energía**

*Supergía* es una heroína que lucha por el buen uso de la energía de la Tierra. Su propia vida depende de ello, ya que cada vez que se hace un mal uso energético, ella pierde fuerza. ¿La ayudas?

**PASO 1** Preparad una historieta con las aventuras de *Supergía* para salvar la energía del planeta. Dividid la clase en tres grupos y preparad tres capítulos distintos: *Supergía en el colegio*, *Supergía en mi casa* y *Supergía en la ciudad*.

**PASO 2** Dibujad las escenas. En ellas tenéis que indicar dónde se hace un mal uso de la energía y cómo solucionarlo.

**PASO 3** Leed los tres capítulos al resto de la clase y comentad, entre todos, qué medidas podemos tomar en nuestra vida cotidiana para contribuir al ahorro energético.

smSaviadigital.com
VALORA LO APRENDIDO **¿Cómo has trabajado** en esta tarea?

Tu revista

## Una energía Solidaria

Para ayudar a miles de personas que viven sin luz, se ha ideado un maravilloso sistema de lo más sencillo: colocar una botella llena de agua en un agujero en el techo de la vivienda. La luz del sol atraviesa el agua de la botella y se dispersa en todas las direcciones iluminando la habitación por completo. Igual que una bombilla, pero sin gasto ni contaminación.

## ¡Eco, ecooooooo!

Seguro que has probado a subir a lo alto de una montaña y a gritar tu nombre para poder oírlo repetido.

No es que al otro lado haya alguien gritando tu nombre, sino que se trata del eco de tu propia voz.

Cuando el sonido se encuentra con un obstáculo, puede rebotar hacia el emisor. Si este obstáculo se encuentra a más de 17 metros, el sonido reflejado se distingue claramente, y es lo que llamamos eco.

## Caza a ciegas

Para guiarse en la oscuridad y no chocarse con los objetos, los murciélagos utilizan unos sonidos tan agudos que nosotros no podemos siquiera oírlos.

Son gritos muy cortos que rebotan contra los objetos de alrededor y les llegan de nuevo a los oídos. Según el tiempo que tarde en llegar ese sonido rebotado y su dirección, los murciélagos pueden localizar los objetos o sus presas.

Además, son capaces de diferenciar si lo que tienen cerca son enemigos, comida o paredes. Claro, con esas orejas, se capta cualquier cosa.

# Devoradores de energía

Hoy día, nuestra sociedad es insaciable. Quiere más y más energía, y le da igual lo que se lleve por delante.

Estamos acabando con las reservas de combustibles fósiles, cuyo consumo, además de contaminar, está elevando peligrosamente la temperatura del planeta.

Esto ha provocado que los hielos del Polo Norte y del Polo Sur se estén fundiendo, con lo que muchos seres que vivían en estas zonas pueden acabar desapareciendo.

¿Qué fuentes de energía deberíamos usar para dañar menos la Tierra?

## ¡¡Echando chispas!!

Nuestros ojos, nuestro corazón, los músculos... funcionan gracias a un tipo de energía eléctrica, llamada bioelectricidad, que se genera dentro de nuestro cuerpo.

Incluso se puede decir que las células de nuestro cerebro se comunican unas con otras a través de señales eléctricas.

¡Y lo mejor es que ni siquiera necesitamos estar enchufados!

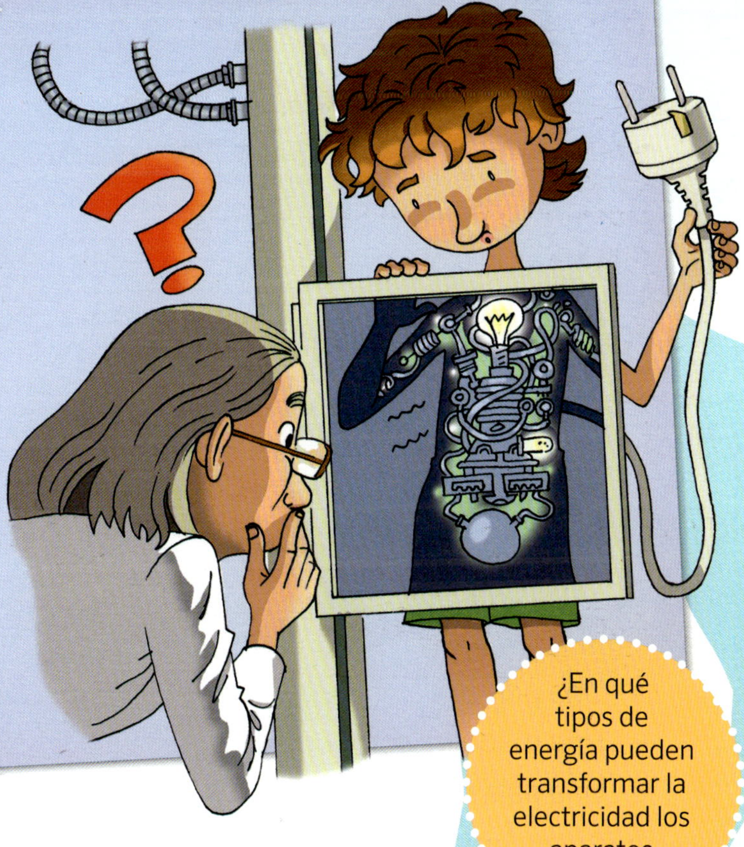

¿En qué tipos de energía pueden transformar la electricidad los aparatos eléctricos?

# Comprueba lo que has aprendido

## Test

¿Recuerdas todo lo que has aprendido durante este trimestre? Compruébalo en este test.

**1.** Compara estos objetos. ¿Cuál es la respuesta correcta?

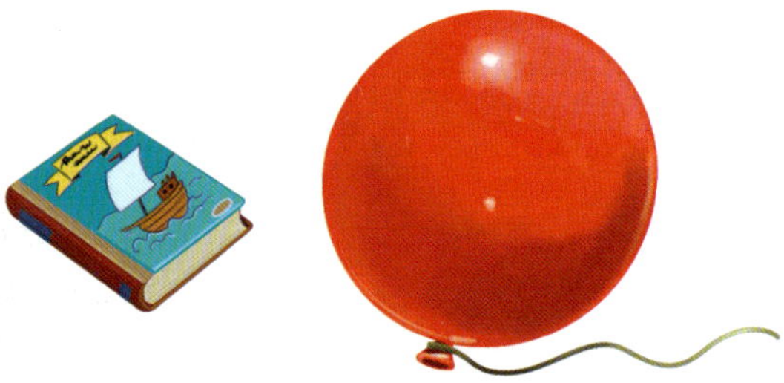

A. El globo tiene más volumen y menos masa que el libro.

B. El globo y el libro tienen el mismo volumen y distinta masa.

C. El globo tiene más volumen y más masa que el libro.

**2.** ¿Qué tipo de cambio se está produciendo en este helado?

A. Un cambio físico.

B. No se produce ningún cambio.

C. Un cambio químico.

**3.** ¿Qué máquina ha utilizado Clara?

A. Una polea

B. Una máquina compuesta

C. Una palanca

**4.** ¿Cuál de estos elementos funciona con una fuente de energía renovable?

A. La moto y los aerogeneradores

B. Los aerogeneradores

C. El coche

**5.** ¿Por qué se produce este fenómeno?

A. Porque la luz se descompone en las gotitas de agua.

B. Eso no ocurre, es un espejismo.

C. Por la reflexión de la luz en el mar.

**6.** ¿Qué elemento usarías para que circulara la corriente eléctrica por este circuito?

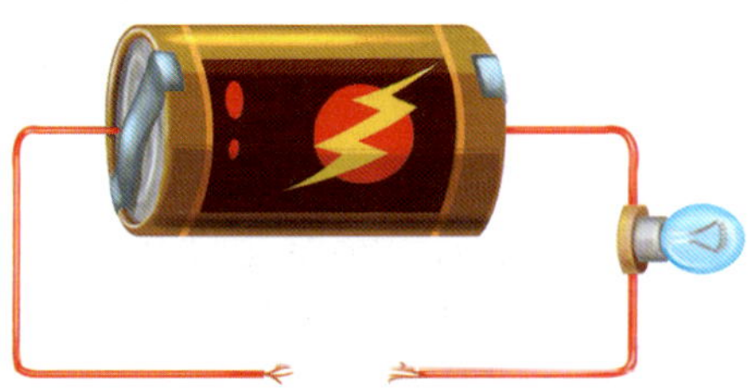

A. Una regla de madera

B. Un tenedor metálico

C. Una servilleta de tela

smSaviadigital.com REPASA

## Reformas que ahorran energía

Sonia, Adrián y sus padres están decorando el dormitorio de los niños en la nueva casa.

1. Ayuda al padre de Sonia y Adrián. ¿De qué color hay que pintar la habitación para que refleje todos los componentes de la luz?
2. ¿Qué relación tiene el color de las paredes con el ahorro de energía eléctrica?
3. ¿Te parece buena idea poner bombillas de bajo consumo? Justifica tu respuesta.
4. ¿En qué lado de la mesa de estudio pondrías las sillas, frente a la ventana o de espaldas a ella? Razónalo.
5. Adrián no sabe qué material escoger para la mesa. ¿Qué mesa elegirías tú, la de madera o la de plástico? Razona tu respuesta.
6. Si se cubrieran las paredes con tela y se pusiera una alfombra en el suelo, ¿crees que el sonido se reforzaría o que quedaría más apagado? ¿Por qué?
7. Haz un diseño del dormitorio que te gustaría tener, pero procura ahorrar toda la energía posible.

# Un encuentro entre culturas

PROYECTO TRIMESTRAL
Descubrimos la historia

## Culturas con energía

**La energía siempre ha estado presente en la Historia. Si nos fijáramos en cualquier imagen de cualquier época, podríamos ver sus diferentes formas y efectos.**

**El ser humano, en general, ha sabido utilizar la energía en su beneficio y esto ha sido un factor muy importante para su evolución como especie.**

1. Las máquinas nos ayudan a realizar trabajos con menos esfuerzo. Para construir las pirámides mayas y los castillos se utilizaban máquinas parecidas a estas. Obsérvalas y responde a las preguntas.

Carretilla

Pozo

a) Clasifica las máquinas según sean simples o compuestas.

b) Una de las herramientas es una palanca. Indica a qué imagen corresponde y el tipo de palanca de que se trata.

c) ¿Qué propiedades crees que deberían tener los materiales que usaban para construir las pirámides mayas y los castillos? Justifica tu respuesta.

**2** Observa las siguientes imágenes, que representan momentos históricos, y contesta a las preguntas que aparecen a continuación.

**a)** ¿Qué tipos de energía aparecen en cada imagen? Copia y completa el cuadro en tu cuaderno.

| Ceremonia maya | | Asedio a un castillo | |
|---|---|---|---|
| Tipo de energía | ¿Dónde la ves? | Tipo de energía | ¿Dónde la ves? |
| ●●● | ●●● | ●●● | ●●● |
| ●●● | ●●● | ●●● | ●●● |
| ●●● | ●●● | ●●● | ●●● |

**b)** Las culturas han evolucionado, y en la actualidad, algunas fuentes de energía se usan de manera distinta a como se utilizaban antiguamente.

En equipos de cuatro o cinco compañeros, elegimos una imagen y explicamos en un mural los cambios que han sufrido las fuentes de energía desde la Antigüedad hasta nuestro tiempo.

# Los invertebrados

## ARTRÓPODOS

Son los animales más abundantes de la Tierra.

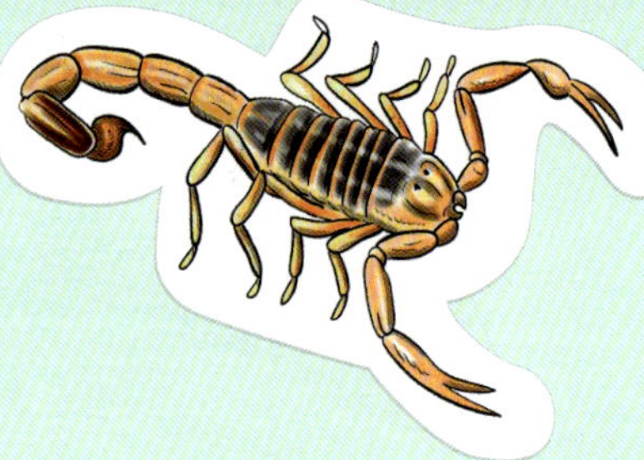

### ARÁCNIDOS

Tienen el cuerpo dividido en dos partes: abdomen y cefalotórax. Presentan ocho patas y no poseen antenas ni alas.

### CRUSTÁCEOS

Tienen el cuerpo dividido en dos partes: abdomen y cefalotórax. No poseen alas, pero todos cuentan con dos antenas y diez patas. En algunos casos, dos de sus patas tienen forma de pinza, como las del bogavante.

### INSECTOS

Tienen el cuerpo dividido en tres partes: cabeza, tórax y abdomen. Todos presentan antenas y seis patas, y algunos tienen alas, como las libélulas.

## ESPONJAS

Su cuerpo está lleno de poros por los que entra el agua del mar cargada de sustancias alimenticias.

## MEDUSAS

Poseen una boca que puede tener tentáculos venenosos para defenderse y cazar.

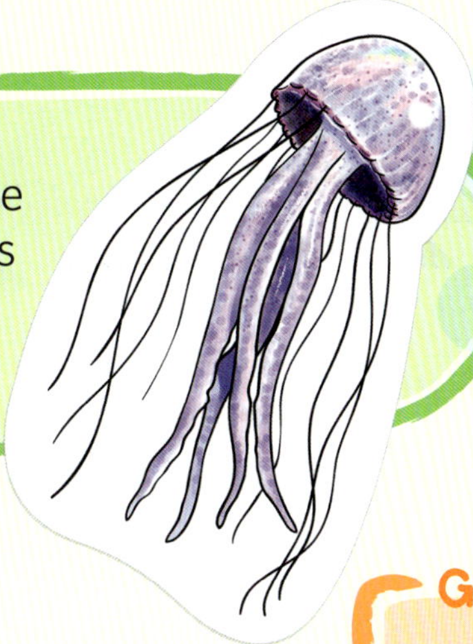

## GUSANOS

Algunos gusanos son terrestres, como la lombriz de tierra, y otros acuáticos, como el nereis.

## EQUINODERMOS

En la parte inferior del cuerpo, poseen multitud de pequeños pies gracias a los que se mueven.

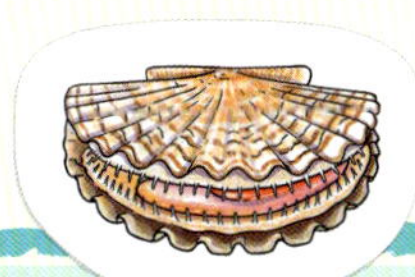

## MOLUSCOS

Se clasifican en varios grupos:

- Con dos conchas, llamadas valvas, como el mejillón.
- Con una concha, como el caracol.
- Con concha interna, como el calamar.

## MAMÍFEROS

Poseen cuatro extremidades que, en los terrestres, es en forma de pata y en los acuáticos, como el delfín, es en forma de aletas. El murciélago es el único mamífero volador y presenta alas.
Respiran mediante pulmones.
Por eso, los mamíferos acuáticos, como la ballena y el delfín, suben a la superficie a respirar.

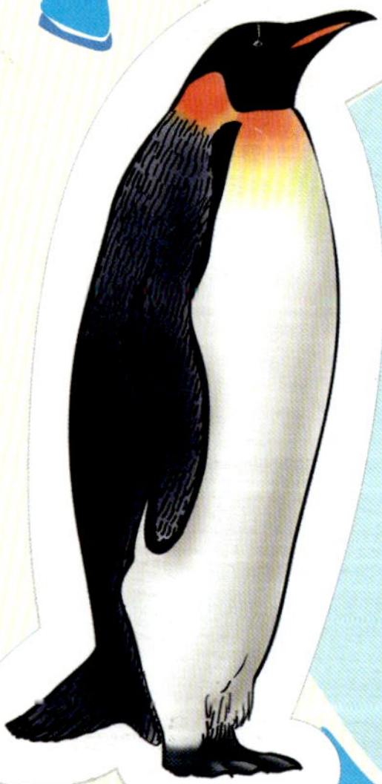

## AVES

Poseen cuatro extremidades. Las delanteras tienen forma de alas y las traseras son patas cubiertas de escamas.
Casi todas las aves utilizan las alas para volar, pero otras, como el pingüino, las utilizan para nadar.
La gran mayoría de las aves incuban sus huevos y cuidan de sus crías cuando estas nacen.

## REPTILES

Algunos reptiles, como el lagarto, poseen cuatro patas cortas. Otros, como las serpientes, carecen de ellas y reptan para desplazarse.
Algunos, como la tortuga, poseen un caparazón para proteger su cuerpo.
No incuban sus huevos ni cuidan sus crías.

## PECES

Respiran a través de las branquias, que se encuentran a ambos lados de su cabeza.
Después de la puesta, los peces no cuidan sus huevos y no cuidan sus crías.

## ANFIBIOS

Respiran a través de los pulmones y, cuando son adultos, también a través de la piel.
Después de su nacimiento, los anfibios sufren una serie de transformaciones hasta llegar a la edad adulta. Este proceso se llama metamorfosis.

El libro Ciencias de la Naturaleza para **4.º de Primaria** forma parte del Proyecto Editorial de Educación Primaria de SM. En su realización ha participado el siguiente equipo:


**Autoría**
Alicia Soria
Juan Miguel Hidalgo y Vicente Moratalla (Proyectos trimestrales)

**Asesoría científica**
J. G. L. de Guereñu



**Edición**
Esther Sánchez, Almudena de Andrés (edición digital), Virginia López

**Corrección**
David Busto

**Ilustración**
Suri; Luis Doyagüe; Eduardo Rodríguez; Félix Moreno/ ARCHIVO SM; Nicolás Fernández; Marina Gómez; ARCHIVO SM

**Fotografía**
María Pía/ ARCHIVO SM; CONTACTO; SCALA; THINKSTOCK; 123RF; SHUTTERSTOCK; iStock; AGE FOTOSTOCK; WMG, University of Warwick

**Edición gráfica**
María Pía Hidalgo

**Diseño de cubierta e interiores**
Estudio SM

**Responsable del proyecto**
Mireia Casaus

**Coordinación de contenidos digitales**
Mara Mañas

**Coordinador editorial de Ciencias**
Laura Pérez

**Coordinación editorial de Primaria**
Nuria Vallina, Nuria Corredera

**Coordinador de Arte y Diseño**
Mario Dequel

**Dirección editorial**
Aída Moya

Ilustración de cubierta de Xavier Salomó, del libro *Versos de colores*, SM, 2012.

Todas las actividades contenidas en este libro han de ser realizadas en un cuaderno aparte, nunca en el propio libro. Los espacios incluidos son meramente indicativos y su finalidad es puramente didáctica.

**Gestión de las direcciones electrónicas**
Debido a la naturaleza dinámica de internet, SM no puede responsabilizarse de los cambios o las modificaciones en las direcciones y los contenidos de los sitios web a los que remite en este libro.

Con el objeto de garantizar la adecuación de las direcciones electrónicas de esta publicación, SM emplea un sistema de gestión que redirecciona las URL que, con fines educativos, aparecen en ella hacia diversas páginas web; entre otras de uso frecuente: http://es.wikipedia.org, www.youtube.es. SM declina cualquier responsabilidad por los contenidos o la información que pudieran albergar, sin perjuicio de adoptar de forma inmediata las medidas necesarias para evitar el acceso desde las URL de esta publicación a dichas páginas web en cuanto tenga constancia de que pudieran alojar contenidos ilícitos o inapropiados. Para garantizar este sistema de control es recomendable que el profesorado compruebe con antelación las direcciones relacionadas y que comunique a la editorial cualquier incidencia a través del correo electrónico ediciones@grupo-sm.com



ISBN General: 978-84-675-7542-2
ISBN Andalucía: 978-84-675-7543-9
Depósito legal: M-01.868-2015
Impreso en la UE / *Printed in EU*

Este libro está impreso en papeles procedentes de bosques gestionados de manera sostenible